Código Civil e Cidadania

Keila Grinberg

Código Civil e Cidadania

3ª edição

ZAHAR

Jorge Zahar Editor Ltda.
rua Marquês de S. Vicente 99 – 1º | 22451-041 Rio de Janeiro, RJ
tel (21) 2529-4750 | fax (21) 2529-4787
editora@zahar.com.br | www.zahar.com.br

Edições anteriores: 2001, 2002

Composição: TopTextos Edições Gráficas Ltda.
Capa: Carol Sá e Sérgio Campante
Vinheta da coleção: ilustração de Debret

CIP-Brasil. Catalogação-na-fonte
Sindicato Nacional dos Editores de Livros, RJ.

Grinberg, Keila, 1971-
G876c Código civil e cidadania / Keila Grinberg. – 3.ed.
3.ed. – Rio de Janeiro: Zahar, 2008.
il. – (Descobrindo o Brasil)

Inclui bibliografia
ISBN 978-85-7110-595-9

1.Brasil. [Código civil (1916)]. 2. Direito Civil – Brasil. 3. Cidadania. I. Título.

08-1922 CDU: 347(81)

Sumário

Créditos das ilustrações

1. Estátua de Teixeira de Freitas, de Bernardelli, 1904. Fotografia de Simone Intrator.

2. *Projeto do Código Civil Brasileiro*, 1902. Biblioteca da Casa de Rui Barbosa, Rio de Janeiro.

3. "O Código Encantado", caricatura de Sil, publicada na revista *A Avenida* em 17.9.1904. Arquivo da Casa de Rui Barbosa, Rio de Janeiro.

4. Capa de *O Malho*, ano III, nº 115, 26.11.1904. Biblioteca da Casa de Rui Barbosa, Rio de Janeiro.

5. Capa de *O Imparcial*, 26.12.1915, e fotografia de Clóvis Beviláquia. Arquivo da Casa de Rui Barbosa, Rio de Janeiro.

Introdução: Um senhor de 25 anos

"Novo Código Civil pode entrar em vigor este ano", diz a manchete da Agência Estado de 30 de novembro de 2000. Para os desavisados, a medida causaria alvoroço pela prontidão. Mas o novo texto do Código Civil já tramita há 25 anos no Congresso, correndo o risco de "nascer velho", como advertiu a carta enviada pela Ordem dos Advogados do Brasil aos deputados alertando para os vários pontos em que ele estaria em desacordo com os dispositivos da Constituição de 1988, principalmente nas áreas de direito de família e do consumidor.

O que muitos não sabem é que essa demora faz parte da própria história da elaboração do Código Civil brasileiro. O atual, que entrou em vigor em janeiro de 1916, também corria o perigo, para políticos, juristas e advogados daquela época, de nascer desatualizado. O projeto do código elaborado por Clóvis Beviláqua levou 16 anos sendo discutido no Congresso. O processo completo levou 61 anos, se contados desde o primeiro contrato do governo imperial para sistematização da legislação civil vigente, ou 94, levando em consideração a promessa feita em 1823, logo após a Independência, de a elaboração desse código ser uma prioridade do novo país.

Nenhum código se faz do dia para a noite, é bem verdade. O Código da Prússia levou 48 anos para ser promulgado, e o da Áustria, 58. O único código realizado rapidamente é o famoso Code Civil francês, o Código de Napoleão, escrito em quatro meses e aprovado pelo poder legislativo em pouco mais de um ano; o processo completo, do esboço à promulgação, foi percorrido em quatro anos, o que deve ser creditado à necessidade, vislumbrada pelo governo pós-18 de Brumário, de estabelecer um sistema jurídico completamente novo, mas ao mesmo tempo livre do imediatismo das resoluções tomadas logo depois da eclosão da Revolução Francesa.

Daí que a pergunta real não é por que o Código Civil no Brasil demorou tanto tempo para ficar pronto, mas por que ele é tão tardio, mesmo em relação a seus vizinhos de continente: Bolívia, Peru, Chile, Equador, Venezuela, Uruguai e Argentina tiveram seu direito civil codificado antes do Brasil. Vista assim, a questão parece nem ter tanta relevância. Afinal, que importa se o Brasil foi um dos últimos países das Américas a ter seu direito civil codificado? Importa, se levarmos em conta que, desde a Proclamação da Independência, a elaboração do Código Civil era tida por juristas e políticos como um passo fundamental para a realização da modernização liberal brasileira. Sem um Código Civil, era impossível legislar sobre relações de trabalho, sobre questões de herança, sobre doações de bens. Ou seja, sem a organização do direito civil, era impossível organizar e controlar todas as situações e conflitos jurídicos passíveis de ocorrer entre os cidadãos da economia moderna que o Brasil do século XIX pretendia ser.

Acontece que tal código só funciona se abarcar todos os habitantes do país, ou melhor, todos aqueles capazes de constituir direitos e obrigações civis: por exemplo, comprar, vender, trabalhar, casar, fazer testamento, herdar, comparecer em juízo como autor, réu ou testemunha. Aqueles que são capazes de constituir direitos e obrigações civis são considerados possuidores de direitos civis, ou seja, cidadãos. Portanto, o Código Civil deve compreender as situações jurídicas de direito privado existentes entre cidadãos. Aquelas pessoas que, por diversas razões, fossem incapazes de constituir os direitos e obrigações acima descritos não fariam parte da regulamentação do Código Civil. Simples, não?

Não. Durante pelo menos o século XIX, havia pessoas que tinham contratos de compra, venda, aluguel, trabalho, sem serem consideradas pela lei civil plenamente capazes de fazê-lo, já que exerciam as obrigações mas não dispunham dos direitos correspondentes. Menores trabalhavam, mas não podiam defender-se em juízo. Mulheres casadas geriam fortunas mas não dispunham de livre direito para fazer seus testamentos. Protestantes e judeus não podiam ter seus casamentos reconhecidos pelo Estado, já que não se casavam na Igreja católica. Escravos urbanos alugavam seus serviços e repartiam os ganhos com seus senhores, mas nem por isso deixavam de ser escravos.

Aí está o nó que se pretende explorar neste livro. Para a elaboração de um Código Civil, antes de qualquer discussão a respeito de seu conteúdo propriamente dito, é preciso estabelecer que parcela da população ele compreende. Ou melhor, é preciso definir quem são os cidadãos. E quem eram os cidadãos brasileiros na segunda metade do século XIX? Quem podia ser incluído entre os possuidores dos direitos de cidadania brasileira no início do século XX?

Pretendo argumentar que uma das chaves para se compreender as dificuldades para a realização do projeto de codificação do direito civil no Brasil está justamente nas disputas em torno da definição do conceito de cidadania em fins do século XIX e início do XX. Dificuldades que eram comuns a todos os países que tinham entre as suas pretensões a construção de um Estado liberal através da tradição jurídica romano-canônica, como a França, a Áustria, a Alemanha, Portugal e Espanha. Mas que também eram específicas dos países americanos que, naquele momento, ainda dispunham de um regime de trabalho escravo ou que planejavam deixar de tê-lo um dia.

Neste sentido, foi difícil para os juristas do Império e do início da República brasileira formular com clareza essa definição, decidindo quem era e quem não era cidadão. Ainda mais porque essa decisão não era exclusiva deles, apesar de alguns estarem convencidos do contrário: desde a Independência, havia pressões de diversos grupos sociais pelo exercício dos direitos de cidadania, e isso tornou problemática a elaboração do Código Civil. Não só isso: às vésperas do início do século XXI, com outro Código Civil já contando 25 anos de debate, parece que a questão ainda permanece, em parte, indefinida. É o que se verá a seguir.

Projetos centenários

A primeira menção à necessidade de elaboração do Código Civil no Brasil ocorreu logo depois da Independência, em 1823, quando se decretou que a legislação civil portuguesa, em especial as Ordenações Filipinas, continuaria provisoriamente em vigor até a organização de um novo código. Destaque para a palavra "provisoriamente", citada do original. Embora a Constituição de 1824 mandasse organizar o quanto antes os Códigos Civil e Criminal, apenas este ficou pronto em tempo que justificasse o uso da expressão. Promulgado em 1831, o Código Criminal esteve em vigor durante todo o Império, enquanto, nesse período, o Civil não passou de uma intenção. Assim, as Ordenações Filipinas, além de toda a legislação civil portuguesa e brasileira posterior, permaneceu válida no Brasil — a menos que houvesse disposição expressa em contrário — até 1916.

Desde meados do século XIX, não faltaram lembranças ao governo de que a sistematização e a renovação do direito civil se faziam necessárias. O presidente do Instituto dos Advogados Brasileiros Francisco Ignácio de Carvalho Moreira desde 1845 enfatizava "o quadro indigesto e tenebroso das nossas leis civis" e o compromisso em reformá-las assumido pelo governo. As primeiras propostas efetivas, no entanto, aconteceram somente em 1854, depois da promulgação do Código Comercial, quando o então ministro da Justiça José Thomaz Nabuco de Araújo pediu ao advogado Augusto Teixeira de Freitas que elaborasse um plano de redação do Código Civil.

Depois de algumas conversas iniciais, Teixeira de Freitas sugeriu que se fizesse primeiro uma compilação sistemática da legislação existente, que seria denominada *Consolidação das leis civis*. A proposta foi aprovada, e a partir de 1855 Teixeira de Freitas foi contratado pelo governo imperial para concluir a missão em cinco anos. Advogado reconhecido, aspirante a jurisconsulto, juiz de direito, membro fundador do Instituto dos

Advogados Brasileiros, advogado do Conselho de Estado, Freitas parecia mesmo a pessoa mais indicada para realizar a tarefa.

Realmente, tendo terminado a compilação em tempo muito inferior ao combinado, Teixeira de Freitas foi novamente convocado em 1859, dessa vez para escrever o próprio Código Civil. Foi aí que as coisas passaram a não andar tão bem: depois de ter escrito e publicado o *Esboço do Código Civil*, ele desistiu da empreitada, abandonando a tarefa em 1867, alegando incompatibilidades entre a sua concepção jurídica e a do governo. As razões profundas que o levaram a tal decisão ainda hoje são objeto de polêmica. Há quem jure que a alegada incompatibilidade de Teixeira de Freitas era na verdade um primeiro sinal da loucura que o acometia, cuja origem estaria na dedicação sem descanso à codificação da legislação civil. Outros ressaltam os problemas de relacionamento e as divergências de concepções políticas e jurídicas existentes entre Freitas e outros proeminentes advogados da época — inclusive alguns dos membros da comissão encarregada de rever o Código, como o antigo desafeto Caetano Alberto Soares, um dos responsáveis pela polêmica que terminou na renúncia de Teixeira de Freitas da presidência do Instituto dos Advogados Brasileiros, anos antes.

Voltaremos adiante aos problemas vivenciados por Freitas à época da redação do Código Civil. Por ora, no entanto, basta enunciar que, depois de idas e vindas de pareceres da comissão composta para analisar o *Esboço* e das revisões de Teixeira de Freitas, este escreveu uma carta ao governo, em 1867, onde dizia que "há desarmonia profunda entre o meu pensamento atual sobre tais assuntos e as vistas do Governo Imperial". Os "tais assuntos" seriam referentes ao conteúdo do Código Civil; Teixeira de Freitas pretendia que o Código abarcasse o direito civil e comercial, o que colocaria em desuso o Código Comercial vigente. O governo, por sua vez, pretendia que o Código Civil abordasse apenas aqueles aspectos da legislação civil não incluídos no volume dedicado às leis que tratavam da regulamentação das relações comerciais. Para Freitas, tal atitude significaria marcar o Código Civil com um mal de nascença, já que estaria sempre subordinado ao Código Comercial.

Com isso, o advogado desvinculou-se oficialmente da tarefa de elaboração do Código. De 1867, ano de rescisão do contrato, a 1872 o projeto permaneceu parado. Foi só a partir de então que o próprio Nabuco de Araújo dispôs-se a escrever o Código, comprometendo-se a finalizar a tarefa em cinco anos. Há quem diga que essa foi a causa primeira de sua morte, em 1878, quando deixou dezenas de volumes de notas, mas nenhum texto.

Tanto essa hipótese quanto a polêmica sobre Teixeira de Freitas já foram bastante exploradas pela historiografia sobre o assunto, e não serão desenvolvidas aqui. Importa agora seguir com a nossa narrativa, que já encontra o jurista Felício dos Santos três anos depois apresentando ao governo sua proposta para realização do Código. Como a comissão nomeada para avaliar o texto não o tivesse aprovado, eles próprios foram incumbidos de redigir um novo projeto. O grupo mal chegou a se reunir, e foi dissolvido em 1883. A última tentativa realizada durante o Império deu-se tarde demais: a derradeira comissão, formada no próprio ano de 1889, composta por, entre outros, Afonso Pena, Candido Mendes de Oliveira e até o Imperador, foi extinta com o fim do regime. Desde então, e até a contratação em 1899 de Clóvis Beviláqua, o redator do Código definitivo, o projeto de elaboração do Código Civil não passou de tentativas individuais.

A contratação de Beviláqua também foi cercada de controvérsias. Havia outros juristas mais velhos e de maior projeção à época, como Lafayette Rodrigues Pereira, membro da última comissão imperial, Coelho Rodrigues, autor de um projeto rejeitado nos anos 1890, além de Rui Barbosa. Mas foi o jovem advogado, considerado um brilhante representante da Escola de Recife, o chamado para dar um formato final aos projetos anteriores e enviar o quanto antes o novo texto à apreciação do Congresso, já que o então presidente da República Campos Sales queria a promulgação do

Código Civil como uma das realizações de seu governo. Beviláqua cumpriu com as expectativas à risca: depois de submeter o projeto à avaliação da comissão revisora, terminou seus trabalhos em novembro de 1900, passando então a responsabilidade à Câmara dos Deputados, que terminaria seu parecer, com relatório de Sílvio Romero, em janeiro de 1902.

Mas, a partir daí, o processo não correria tão rápido. Desde que chegou ao Senado para igual discussão e proposição de emendas, passaram-se dez anos sem que nada fosse decidido. A animá-los, as intervenções do senador e presidente da comissão de avaliação Rui Barbosa, defendendo que a pressa na codificação "forçosamente haveria de produzir uma obra tosca, indigesta, aleijada". O eminente político, jurista e diplomata fez uma leitura acuradíssima do projeto, apontando inúmeras discordâncias gramaticais que deram origem a uma das maiores discussões filológicas travadas no Brasil, envolvendo não só o próprio Beviláqua mas também o então deputado Sílvio Romero e Ernesto Carneiro Ribeiro, professor de francês e catedrático de gramática filosófica, que havia feito a revisão gramatical dos 1.832 artigos que compunham o projeto do Código.

Dizem as más línguas que, no fundo, Rui Barbosa apontava tantos problemas no projeto do Código Civil por puro ciúme de não ter sido o escolhido para redigir o texto, não se conformando por ter sido preterido por um novato na arte de elaborar e interpretar leis. Sua frustração teria chegado a tal ponto que, depois de encerrada a polêmica sobre as regras da língua, ele teria começado a escrever um esboço de parecer jurídico sobre a parte geral do Código Civil, correspondente aos artigos 1 a 21, que chegou a ser lido em 1905 em caráter reservado na comissão especial do Senado, mas nunca levado a debate.

Na realidade, o suposto ciúme de Barbosa teria origem nas históricas rivalidades entre as duas escolas de direito existentes àquela época no Brasil: a de Recife (inicialmente sediada em Olinda) e a de São Paulo. Criadas ambas em 1828 como parte do projeto modernizador do Estado brasileiro após a Independência, elas passaram a se diferenciar principalmente a partir de fins da década de 1860, quando, em Recife, Tobias Barreto começou a influenciar toda uma geração de alunos com a leitura de filósofos alemães e teóricos darwinistas, geração de alunos da qual os mais conhecidos eram justamente Clóvis Beviláqua e Sílvio Romero, respectivamente o redator do projeto final do Código Civil e o relator da comissão examinadora do projeto na Câmara.

Desde aquela época, a escola de Recife adotava uma concepção cientificista do direito, ligada à biologia, às ciências naturais e à antropologia determinista, buscando as leis naturais de uma nova ciência que conduziria a uma nova nação. A Academia de Direito de São

Paulo, ao contrário, era marcada pela militância política e pelo exercício do jornalismo, muito mais do que pelo estudo das letras jurídicas. De fato, foram os bancos escolares paulistas que mais forneceram burocratas à estrutura do Estado, e foi de lá também que saíram os bacharéis que, na década de 1870, se destacariam pela atividade política, como o próprio Rui Barbosa, que mais tarde diria: "no estudo do Direito, o mundo acadêmico e o mundo político se penetram mutuamente."

Os bacharéis em direito egressos da escola de Recife seriam, assim, os cientistas do direito, ao passo que aqueles oriundos da escola de São Paulo seriam os políticos da lei. A escolha de Beviláqua para escrever o Código significa, por um lado, o reconhecimento da ascensão ao primeiro escalão intelectual do país dos autodenominados "renovadores da escola de Recife" contra as antigas concepções jurídicas que vigoravam nos projetos de Código anteriores. Não é à toa que Beviláqua veio substituir Coelho Rodrigues, autor do primeiro projeto da República, que anos antes havia se envolvido em curiosa polêmica, bem ao espírito da época, com Sílvio Romero. Na defesa de tese deste, ocorrida em 1875, Rodrigues, membro da banca examinadora, implicou com as críticas feitas por Romero à metafísica, e passou em seguida a atacar o doutorando. Romero, então, teria retrucado que:

— Nisto não há metafísica, há lógica.

— A lógica não exclui a metafísica, replicou o arguente.

— A metafísica não existe mais; se não sabia, o saiba, treplicou o doutorando.

— Não sabia, retruca esse [Rodrigues].

— Pois vá estudar e aprender para saber que a metafísica está morta.

— Foi o senhor quem a matou?, perguntou-lhe então o professor.

— "Foi o progresso, a civilização",

e nisso o bacharel teria se levantado e ido embora, dizendo não estar para "aturar esta corja de ignorantes que não sabem de nada". Coelho Rodrigues, àquela altura, representava o subjetivismo, o direito afeito às interpretações e à jurisprudência, ou seja, a antiga geração. Romero, ao contrário, representava a objetividade, inimiga-mor da metafísica, a ciência e o louvor às virtudes da codificação. Ou melhor, a nova geração de jurisconsultos que, em fins do século XIX, ganhava a nação.

Por outro lado, a presença de Beviláqua e Romero em postos-chave do processo de codificação do direito civil na República, em detrimento de Rui Barbosa, significa a consolidação dessa nova concepção científica de direito contra aquela adotada pelos acadêmicos paulistas, cujos anos gloriosos haviam sido deixados para trás. Não teria havido outra razão para a declaração de Barbosa de que a escolha de Beviláqua teria sido, na verdade, "um rasgo do coração, não da cabeça", e para a sua tão grande dedicação em encontrar irregularidades no projeto do Código.

Tanta celeuma acabou contribuindo para a interrupção do processo de debate do Código, em 1905. A discussão só foi retomada em 1912, quando a Câmara dos Deputados sugeriu a adoção do projeto como se aprovado já fosse enquanto o Senado não se resolvesse a tomar uma posição. Só então foi realizada a votação, com aprovação de quase todas as emendas sugeridas por Rui Barbosa. De lá, o projeto voltou à Câmara, onde se iniciaram os últimos debates, até a aprovação final em 1915. A sanção saiu no dia 1º de janeiro de 1916, e o Código Civil finalmente entrou em vigor um ano depois.

O que já não era sem tempo. Como visto, fazia muito que as advertências sobre a urgência da codificação se acumulavam, desde a contratação de Teixeira de Freitas até as querelas que envolveram Rui Barbosa e Clóvis Beviláqua. E, principalmente no caso destes últimos, elas eram de tal forma convincentes que até dava a impressão de que a codificação era mesmo uma necessidade histórica, sem a qual o progresso e a modernização desejados nunca ocorreriam e o Brasil nunca iria para a frente.

Os códigos são mesmo necessários?

As reuniões do Instituto dos Advogados Brasileiros realizadas ao longo do século XIX apontavam a organização das leis civis como uma de suas principais missões. Teixeira de Freitas dizia que as Ordenações Filipinas eram "pobríssimas", e pediam "copioso suplemento", muitas vezes tirados da legislação romana, inadequada à realidade brasileira de então. E Beviláqua enfatizava que "era forçoso sair desse emaranhado cipoal [que constituía a legislação civil brasileira], que mais servia para desenvolver o espírito de chicana do que para resguardar as possibilidades jurídicas". Sem essas medidas, seria impossível traduzir as exigências mais apuradas da consciência jurídica, como se dizia então, e, principalmente, jamais se conseguiria disciplinar os interesses dos indivíduos e dos agrupamentos sociais.

Ora, até mesmo em princípios do século XIX, todos deviam saber que a questão não podia ser simplificada assim, e que o Código Civil não era suficiente ou imprescindível para o desenvolvimento das nações modernas e nem para controlar as relações privadas entre as pessoas. A Inglaterra, por exemplo, não tinha um Código Civil e nunca viria a ter, e nem por isso deixava de ser o país mais pujante do século XIX. Mas, para muitos dos juristas e advogados de todo o Ocidente conectados com o que vinha então acontecendo na

Europa, principalmente depois da promulgação do Code Civil de Napoleão em 1806, a codificação da legislação civil era realmente uma necessidade histórica, sem a qual seria impossível que as leis organizassem a sociedade, como eles achavam que deveria ser.

Tudo havia começado muitos e muitos séculos antes, desde a formação do Sacro Império Romano Germânico, no século X, quando o direito romano tal qual compilado por Justiniano passou a ser usado como tentativa de tornar realidade o lema "Uma religião, um império, um direito". O imperador Justiniano, apaixonado pela cultura clássica e nostálgico das antigas grandezas de Roma, empreendeu no século VI a tarefa de reunir os textos jurídicos romanos, formando o conjunto de obras denominado *Corpus iuris civilis*, composto pelos livros *Código*, que continha a legislação imperial de seus antecessores, do ano 529; *Instituições*, um manual de introdução, de 530; *Digesto* ou *Pandectas* (obra enciclopédica), de 533; e a obra póstuma *Novelas*, de 565. O *Corpus iuris civilis* tornou-se a memória medieval e moderna do direito romano, já que as obras clássicas originais, que existiam nas grandes bibliotecas do Oriente, como as de Beirute, Alexandria e Constantinopla, haviam se perdido durante o domínio árabe na região.

Mas esse esforço de fazer uma codificação baseada no direito romano remanescente do período medieval não passou de uma vã tentativa, porque esse conjunto de normas longe estava de ser um corpo homogêneo de leis; ao combinar a imensa obra de Justiniano com os preceitos do direito canônico e com os direitos locais, baseados em costumes que remontavam às tradições germânicas, o assim chamado direito comum poderia mais ser corretamente denominado uma ordem jurídica pluralista.

Essa situação, que reforçava o uso do direito romano em detrimento das outras fontes jurídicas, começou a mudar a partir do século XIV, quando as normas locais começam a ser integradas ao direito comum, com o objetivo de transformar todo o conhecimento das leis em uma unidade lógica, num movimento correspondente à centralização dos poderes políticos e à formação dos Estados nacionais. França, Holanda, Espanha, Bélgica e Alemanha realizaram codificações de suas legislações nacionais, que em Portugal foram denominadas de Ordenações Afonsinas (1446-47), Manuelinas (1512-14) e Filipinas (1603), isto sem contar com a Inglaterra, que já havia realizado a sua muito tempo antes. Este país foi o primeiro a adotar uma lei nacional na Europa, ainda no século XII, quando foi escrita a Magna Carta, cuja competência era aplicada a todo o reino e administrada por uma corte central. Essa exceção, que fez com que a modernização da lei tenha ocorrido excepcionalmente cedo na Inglaterra, num momento em que o direito e a estrutura da justiça no resto da Europa eram basicamente locais, seria a explicação para a não-adoção do direito romano-canônico por parte desse país. Afinal, quando os outros países procederam a essa organização, a Inglaterra já tinha seu sistema jurídico centralizado.

Mas, nos outros países europeus, naquele momento de constituição das monarquias modernas, o soberano era o elemento central do poder, e tinha a função e a obrigação de preservar a paz e a justiça; daí a necessidade de compilar leis que regulamentassem todos os aspectos da vida comercial, civil e penal nos reinos, o que contribuía para comprovar que todas as leis eram emanação da vontade do rei, podendo este delas dispor como bem entendesse, aplicando-as, revogando-as, perdoando àqueles que as tivessem infringido. A partir de meados do século XVIII, no entanto, a difusão dos postulados filosóficos do Iluminismo trouxe mudanças profundas na concepção de direito que embasava as codificações nacionais; apesar de as metas continuarem sendo basicamente as mesmas, os princípios que fundamentavam o movimento mudaram: agora a ordem não era mais submeter a lei ao rei, mas o rei à lei. De fato, a doutrina do direito natural sustentava a existência de um direito independente de todo poder humano ou divino, cuja fonte não seria originária da vontade, mas da razão pura.

Esses pressupostos — aliados à propagação dos princípios, proclamados como sendo de direito universal, da laicidade do direito, proteção da liberdade civil e individual, inviolabilidade da propriedade e a igualdade civil — eram considerados essenciais para o funcionamento dos estados que então se unificavam, para a eliminação dos costumes particulares locais, para o abandono de práticas feudais e para o fim dos privilégios das ordens. "Um estado, um Código", era o lema dos países europeus que em fins do século XVIII viam na sistematização das leis e na racionalização do direito um caminho para uma sociedade mais bem-estruturada e cujas decisões políticas eram cada vez mais centralizadas.

Os códigos, a partir de então, ao seguir essa orientação, deviam decretar leis que tivessem normas de validade universal, seguindo o princípio de utilidade formulado por Jeremy Bentham, um dos grandes defensores da codificação e inspirador das reformas legislativas ocorridas na Europa e na América Latina na primeira metade do século XIX. Filósofo, economista e jurista inglês da virada do século XVIII para o XIX, Bentham ficou conhecido por seu desenvolvimento da doutrina do utilitarismo, segundo a qual o valor ético da conduta humana é determinado pela utilidade de seus resultados. Assim, o objetivo supremo da ação moral seria a conquista da felicidade para o maior número de pessoas possível, o que significa que os interesses de poucos deviam ser sacrificados àqueles da maioria. Esse também deveria ser o objetivo de toda a legislação: criar instituições totalmente eficazes, que pudessem servir melhor ao propósito de proporcionar a maior felicidade possível. Nesse sentido, segundo a teoria utilitarista, a elaboração do Código Civil seria o ponto mais importante do desenvolvimento de um Estado, já que, ao conter as leis ideais, cumpriria a função de ser o manual universal da moral utilitarista.

Bentham estava totalmente convencido da eficácia das leis em produzir melhores relações sociais, e, pelo jeito, também havia persuadido advogados como Teixeira de Freitas, que afirmava na introdução da *Consolidação das leis civis* que pretendia que a obra fosse um produto das "tradições da Ciência", por concentrar em si "verdades isoladas", entendidas aqui como isoladas dos costumes sociais. Aliás, a própria expressão "consolidação" havia sido inspirada na obra de Bentham, através da divulgação feita em francês por seu editor Etienne Dumont, que, ao traduzir o livro *De la organisation judiciaire et de la codification*, introduziu a palavra consolidação em dois títulos, *Opinion de Sir Francis Bacon adressé a Jacques I, sur le mode de* ***consolider*** *les status et de faciliter l'étude de la loi commune*, e ***Consolidations*** *de divers status, par des actes du parlement, en 1825 et 1826.* Como a maioria dos juristas da América Latina de seu tempo, Teixeira de Freitas muito provavelmente tomou contato com as idéias de Bentham através da versão de Dumont, que circulou amplamente a partir da década de 1830. Bentham era a inspiração geral dos cursos de direito brasileiros nesse período, nos quais a instrução jurídica era quase exclusivamente prática, temperada por alguns princípios da filosofia do direito e pelas teorias constitucionais de Benjamin Constant.

Mas Bentham logo perceberia que suas idéias e seus planos mirabolantes para colocar as sociedades em seu devido rumo, como ele o esperava, esbarravam em um sem-número de empecilhos, sendo o primeiro deles a própria premissa de que organizar o direito significaria enquadrar as relações sociais por ele reguladas. Fazer um Código Civil, portanto, seria pretender prever todas as situações sociais que envolvessem contratos, transações e bens, com soluções para cada uma dessas questões — coisa que os homens da lei do fim do século XVIII achavam perfeitamente possível. Pios crentes na realização do paradigma legalista, na existência de leis naturais imutáveis, produzidas pela razão humana e, por isso mesmo, aplicáveis a qualquer um, eles achavam que a arrumação lógica dos axiomas fundamentais do direito era suficiente para o alcance desse fim.

A realidade, no entanto, se mostrou bem diferente. Em primeiro lugar, porque o processo de codificação inspirado no direito natural foi realizado por Estados que continuavam a reforçar o poder central, embora não necessariamente absolutistas, como o eram há alguns séculos. Isso aconteceu com o primeiro Código Civil digno desse nome, o Code Civil napoleônico que, apesar da retórica liberal, pressupunha um controle fortemente centralizado do ordenamento social. Afinal, à moda do *Corpus iuris justiniani*, ele havia sido feito justamente para ser o coroamento da glória de Napoleão como imperador, o que também justificaria a imposição de sua adoção nos reinos por ele conquistados. Esse esforço de controle absoluto encontrou vários problemas, como a recusa de segmentos da população em adotar determinadas práticas consideradas modernas e ilustradas, ou a concorrência da Igreja católica, que não admitia abrir mão da prerrogativa de controlar os vários estágios da vida civil de seus fiéis, do nascimento à morte. Isso sem contar os entraves jurídicos ocasionados por essa redução legalista, já que, como visto anteriormente, impor leis abstratas e universais seria praticamente acabar com toda a atividade de interpretação de juízes e advogados, que deviam se limitar a adequar os casos particulares às matrizes jurídicas genéricas encontradas nos códigos.

As dificuldades na elaboração dos códigos civis podem ser percebidas já desde o Code Civil francês, planejado desde a eclosão da Revolução Francesa — a Declaração dos Direitos do Homem e do Cidadão estabeleceu que a única fonte legítima de direito seria a lei —, mas só finalizado com Napoleão. Apesar de as assembléias revolucionárias terem promulgado em poucos anos o Código Penal e os códigos hipotecários — respectivamente em 1791, 1795 e 1798 —, jamais foram capazes de finalizar o Código Civil. Os empecilhos para a realização da codificação do direito civil no período considerado revolucionário são devotados à variedade dos regimes jurídicos existentes nas províncias; à força dos particularismos, que impediam reformas no direito de sucessão; às dificuldades em estabelecer modificações tão importantes nas relações pessoais dos cidadãos; e à instabilidade política. Além disso, o fato de o direito comercial ter sido organizado desde 1791, com o estabelecimento de normas sobre propriedade e liberdade de comércio, fez com que aqueles a quem realmente importava a reforma rápida da legislação civil deixassem de pressionar pela sua execução.

Como resultado dessa situação, o direito do Antigo Regime francês continuou em vigor não apenas durante o período revolucionário, como foi confirmado em muitos aspectos no Código Civil, como as leis que regulavam o casamento, que não só não foi definido como um contrato, como perpetuou a subordinação jurídica das mulheres aos homens. Assim, por um lado, é claro que o Code Civil francês realmente repousa nos princípios de liberdade, igualdade de direitos e exclusão de privilégios, os chamados pilares da ordem burguesa, pelos quais se tornou conhecido; mas, ao mesmo tempo, manteve a forma de organização da família segundo o modelo autoritário e patriarcal existente anteriormente.

Por isso mesmo, ao manter legislações em vigor antes da eclosão da Revolução, o Código Civil jamais se tornou a imprescindível e absoluta fonte de direito que boa parte dos juristas do século XIX queriam fazer crer, convencendo também muitos estudiosos do direito até os dias de hoje. Em primeiro lugar, porque é impossível querer estabelecer normas estáticas para relações sociais e econômicas mutantes; e depois, como bem o demonstra o caso da Inglaterra e, posteriormente, dos Estados Unidos, não era preciso ter um Código Civil para que a chamada burguesia pudesse se desenvolver economicamente.

Nesse sentido, a importância do primeiro Código Civil reside muito mais no fato de ele ter sido criado como um símbolo da revolução por que havia passado o Estado francês do que em representar uma mudança efetiva nas relações sociais reguladas pelo direito privado. Daí a importância atribuída por Bonaparte a esse código: conta-se que, já nos últimos anos em Santa Helena, vendo o avanço da Santa Aliança, Napoleão vangloriava-se de que, mesmo tendo perdido a batalha de Waterloo, havia conseguido promulgar o Código Civil, esse sim, sua obra eterna. Justamente por pretender ser imutável, o Code Civil já teria nascido como um lugar de memória, destinado a consolidar as vitórias da Revolução e, por isso mesmo, dar-lhe um fim, bem ao estilo napoleônico.

Mas se o êxito simbólico do Código Civil francês é, por um lado, irrefutável, desde cedo sua eficácia no plano jurídico também foi contestada. Depois da defesa da codificação na Alemanha feita por Justus Thibaut em 1814, Savigny, professor de direito da Universidade de Berlim, escreveu uma resposta que seria mais tarde conhecida como um dos documentos de fundação da Escola Histórica do Direito, a primeira corrente a criticar os movimentos de codificação. Savigny estava especificamente preocupado em negar a capacidade de a lei encerrar em si todas as fontes de direito, argumentando que toda lei devia ser interpretada de acordo com a concepção vigente na época de sua produção. Se a origem de uma lei era romana, havia-se que voltar aos tempos romanos para entender o seu pleno significado, daí o atributo "histórico" a esse movimento.

Além disso, Savigny também enfatizava o que chamava de espírito do povo (*Volksgeist*, no original): o direito seria ligado à cultura e à linguagem de cada povo de forma indissociável, o que impedia por princípio a tentativa de aplicação abstrata da lei em qualquer circunstância. Neste sentido, Savigny se oporia radicalmente à idéia de Bentham de que um estrangeiro seria a melhor pessoa para realizar as codificações civis de uma nação, já que este dificilmente conheceria a linguagem e a cultura do povo de forma suficiente a formular boas leis. A mesma crítica feita por Savigny também não demorou a ser formulada nos países de língua portuguesa. No caso do Brasil, embora a Escola Histórica do Direito só tenha se tornado realmente influente a partir da década de 1870, o teor da crítica feita por Savigny já era bem conhecido quando Teixeira de Freitas foi contratado para escrever a *Consolidação*.

Isso significa que, por mais que a importância da codificação civil fosse sempre enfatizada como uma providência fundamental para a finalização do processo de independência do Brasil e para a própria modernização do Estado, àquele momento já se sabia que o Código Civil não iria solucionar absolutamente todos os problemas do direito. E que, além disso, como o próprio processo de codificação em si encerrava inúmeras dificuldades, concernentes à própria natureza do direito privado e aos sentidos políticos a ele atribuídos, diferentes de acordo com o país onde ocorria.

O Código dos sonhos

Se assim era, por que a unanimidade dos juristas da época sobre a necessidade do Código Civil? Se pudéssemos perguntar a algum jurista daquela época, da Escola de Direito de Recife ou da Escola de Direito de São Paulo, a sua opinião sobre a importância da codificação, nenhum teria dúvidas em afirmar que ele era fundamental para o futuro do país. Qualquer um diria que o direito era a porta de entrada para a civilização, e era impossível adentrá-la sem a codificação do direito civil. Isso porque, desde aproximadamente a década de 1870, a formação de bacharéis em direito estava embebida do espírito positivista e evolucionista que caracterizava o pensamento científico da época. Acreditavam que as sociedades evoluíam positivamente, e que era possível alcançar um estágio superior através da elaboração de boas leis. Quanto melhores e mais avançadas as leis, melhor e mais avançada a sociedade: um passo adiante no caminho do progresso.

Assim, mesmo sabendo que, no fundo, a promulgação do Código Civil não tinha a capacidade de resolver todos os problemas sociais de uma vez só, também achavam que, sem ele, a sociedade ficaria atrasada, deixada à influência dos costumes. E nada pior, naquela época, para esses juristas que se acreditavam "os eleitos da nação". Os costumes significavam tradição, a tradição pertencia ao passado, e passado era, no Brasil, sinônimo de colonialismo, catolicismo e escravidão. O progresso, ao contrário, seria alcançado pela implementação de medidas liberais, das quais a codificação era uma das mais importantes.

Ao agir assim, mesmo partindo de escolas jurídicas distintas, juristas como Rui Barbosa e Clóvis Beviláqua contribuíram para firmar uma dada concepção de liberalismo, existente desde a Independência do Brasil, mas incompatível com o passado escravista. O liberalismo desejável deveria ser aquele que caminhava no sentido da racionalização das leis e da abertura comercial. Mas como misturar esse processo, que só benefícios tinha a trazer ao país, com a escravidão que findava no século XIX? Assim pensava, por exemplo, Pontes de Miranda, um dos mais proeminentes especialistas em direito civil durante a Primeira República, quando afirmava em seu livro *Fontes e evolução do direito civil brasileiro*, de 1928, que

> o liberalismo do Código Civil brasileiro é sempre o liberalismo de um povo que construiu um Império constitucional, racionalista, quase secular, e a ambição de ciência e de 'justiça idealista', que o move, há, forçosamente, de se refletir nas leis.

Para esse autor, havia uma linha evolutiva da história do liberalismo brasileiro, que começava com a Independência do Brasil e terminava com a redação do Código Civil. Entendendo a organização do direito civil como uma das principais etapas para a construção de um Estado e de uma sociedade liberais, Pontes de Miranda reforçava a idéia da incompatibilidade entre liberalismo e escravidão, procurando mostrar que fora justamente esta última que havia impedido o desenvolvimento do liberalismo brasileiro ainda no Império. Para ele, apesar do caminho no sentido da *evolução democrática*, o direito brasileiro teria como característica principal a benevolência jurídica, resquício do patriarcalismo colonial, atribuído pelo autor ao "defeito de energia" provocado pela presença de descendentes de africanos na população brasileira. Para avançar, seria preciso justamente eliminar essa benevolência jurídica, assim como todos os outros traços do passado.

Pontes de Miranda é considerado o último dos grandes homens da tradição jurídica pernambucana, seguidor da linha iniciada por Tobias Barreto, da qual, como visto, também faziam parte Sílvio Romero e Clóvis Beviláqua: além da matriz positivista, da concepção de direito como ciência, que o fez produzir as importantíssimas obras *O sistema de ciência positiva do direito* e *Tratado de direito privado*, Pontes de Miranda também dava à questão racial, como aqueles que o precederam, o pleno espaço que ela merecia como chave para desvendar vários dos problemas nacionais. Nesse caso, sua inspiração vinha diretamente de Clóvis Beviláqua, o criador, aliás, da expressão benevolência jurídica. A diferença estava em que, para Beviláqua, ela era um dado positivo, ainda mais porque, depois da abolição da escravidão e da promulgação da Constituição republicana, ela havia deixado de existir, já que todos os brasileiros, independente de cor e origem, estavam integrados à nova sociedade:

> Justamente porque entrou para a formação do povo brasileiro na qualidade de escravo, isto é, sem persona-

> lidade, ... a raça negra apenas aparece em nossa legislação para determinar o regime de exceção do escravagismo que ainda a tisnou em nossos dias. No estudo das leis da escravidão ... enfrentaremos o elemento africano, mas incontestavelmente ele entra aí sem feição peculiar. É um escravo. Que importa a cor das granulações de seu pigmento? Que importa a sua origem étnica? Eliminando o regime de escravidão, foram os pretos definitivamente incorporados à sociedade brasileira já formada e distinta especificamente. Não poderão mais ser objeto de uma análise particular do historiador nem do etnologista do direito.

Beviláqua também achava que a escravidão em nada havia influenciado o direito brasileiro e, principalmente, que seus resquícios deviam ser totalmente eliminados, agora que ela não existia mais. Acontece que, apesar da abolição, as relações patriarcais ainda imperavam no país, como denunciava Pontes de Miranda, e bem o sabia Beviláqua. Diante desse quadro, ele entendia que o Código Civil brasileiro devia ser dotado de um caráter teórico, desvinculado mesmo de alguns aspectos da realidade do país. Dissociar o Código Civil dos próprios costumes da sociedade seria a única maneira de reformá-la, formulando regras abstratas que, ao serem aplicadas à sociedade brasileira, acabariam por forçar a sua transformação. Por isso que, para promover o progresso da nação, o Código Civil devia ser moderno e liberal, livre dos vícios que caracterizaram o passado brasileiro.

Acontece que essa era uma tarefa dificílima. O código de leis abstratas, gerais e modernas com que sonhava Beviláqua e com que, de certa forma, havia sonhado Teixeira de Freitas esbarrava em um problema simples de entender e complicado de resolver: a sociedade brasileira não era como eles queriam que fosse, e nunca seria. Mas o código com o qual sonhavam esses juristas também esbarrava em um outro problema, o qual eles não aceitavam: o de que, mesmo que eles insistissem no contrário, o direito brasileiro era profundamente marcado pelos costumes escravistas, patriarcais e católicos que formavam a sociedade brasileira.

A Igreja e a codificação da união civil

Esta última característica pode ser percebida através das polêmicas em torno das estreitíssimas relações entre Estado e Igreja no Império brasileiro, e basta um exemplo para demonstrar a força dessa ligação: até 1891, ano da promulgação da primeira Constituição republicana, todo o controle sobre a vida civil estava, na prática, a cargo da Igreja católica. Essa instituição controlava os registros de nascimento, casamento e morte. No caso do casamento, por exemplo, embora houvesse duas legislações em vigor sobre o assunto, uma civil e outra eclesiástica, apenas esta última era considerada legítima. Quer dizer, o Estado brasileiro, seguindo a tradição portuguesa, delegava à Igreja católica a tarefa de organizar todas as etapas da vida dos habitantes do país, cabendo a ele legislar sobre as propriedades e heranças delas advindas. Mas, na prática, como cabia à Igreja determinar a legalidade ou ilegalidade de um ato civil, em última instância ela também tinha o poder de decidir sobre destinos de propriedades e bens. Além disso, a Igreja também detinha o poder de, no limite, decidir qual seria o status jurídico de uma pessoa, já que os únicos documentos de registro eram produzidos dentro da instituição, como, principalmente, os assentos de batismo, que na prática serviam como certidões de nascimento.

Para além dos problemas causados por essa ligação perigosa, havia também o fato de ela trazer implícita a consideração de que a população brasileira era composta única e exclusivamente por católicos. Sem contar os seguidores das religiões africanas e indígenas cristianizados — nem sempre por vontade própria —, desde a abertura dos portos, em 1808, e do estabelecimento da tolerância religiosa, a partir da Constituição de 1824, havia um número crescente de protestantes e judeus habitando o país. Eles eram descendentes, no primeiro caso, de comerciantes ingleses e franceses que se mudaram para as principais cidades do Brasil e, no segundo, de marroquinos que imigraram para a Amazônia em busca das oportunidades econômicas vislumbradas com a extração da borracha.

O problema era que, tanto para protestantes quanto para judeus, não havia, durante a vigência do Império, qualquer tipo de registro civil de nascimento ou casamento. As uniões entre dois cônjuges não-católicos simplesmente não tinham qualquer valor legal, nem pela Igreja, nem pela legislação civil. Se o problema fosse apenas obter reconhecimento religioso, talvez o ponto não fosse de tanta importância para aqueles que o vivenciaram. Afinal, pastores podiam celebrar cerimônias religiosas, e, para os seguidores da religião, isso era o que bastava. Mas a grande questão era: como legislar sobre os bens? Se, por exemplo, um marido protestante, casado com sua esposa protestante, morresse sem filhos, de quem seriam os bens? A opção, nesse caso, seria fazer o casamento em outro país, já que ele teria que ser aceito segundo as normas de direito internacional.

Mas a questão ainda podia ser mais complicada: e se um católico resolvesse casar com um não-católico? A Igreja não encorajava este tipo de união, mesmo com os protestantes, considerando-os "ilícitos e perigosos", só podendo ser celebrados se precedidos de uma licença concedida pelo Papa ou por bispos especialmente autorizados para tal. No Brasil, não foi à toa que os bispos adquiriram essa prerrogativa a partir de 1848, exatamente quando o número de estrangeiros não-católicos começava a aumentar no país. Mesmo assim, o casamento só era permitido se os filhos fossem educados segundo as normas do catolicismo, se o cônjuge não-católico não perturbasse o livre exercício da religião por seu parceiro católico e, por último, se o cônjuge católico se comprometesse a seguir na tarefa de buscar a conversão de seu esposo. Quer dizer, depois de passar por um processo eclesiástico — que, possivelmente, causava constrangimentos familiares e sociais —, o cônjuge não-católico ainda devia, segundo a lei, suportar proselitismo em casa, para que, finalmente, sucumbisse à verdadeira fé.

Por todas essas razões, mas principalmente pelos questionamentos de imigrantes alemães junto aos tribunais de justiça a partir de meados do século XIX, a institucionalização do casamento civil começou a ser discutida no Império. Inicialmente, como no primeiro projeto de lei que o então ministro da Justiça Nabuco de Araújo submeteu ao Conselho de Estado em 1855, o casamento civil só deveria ser instituído para os casos de uniões entre católicos e não-católicos, para que se pudesse "dar existência legal a essas famílias, garantir os direitos civis dos esposos, dos filhos, como pertencentes à comunhão brasileira, da qual não podem estar alienados por causa da religião que seguem".

Como era de se esperar, a discussão sobre a instituição do casamento civil causou muita polêmica. A Igreja, evidentemente, era contra. Muitos eram favoráveis apenas quando se tratava de pessoas que não seguissem a religião oficial do Império. Mas o que estava em jogo mesmo, e que passaria a ser um dos pontos principais da discussão sobre o casamento nos anos que se seguiriam, seria a própria concepção da união entre duas pessoas. Seria o casamento um ato religioso ou um contrato entre duas partes? Para a Igreja, o casamento civil produziria um "desregramento moral", que provocaria nada mais, nada menos, do que a legitimação do concubinato.

A lei sobre o assunto, que foi publicada em 11 de setembro de 1861 e regulamentada em 1863, continha disposições sobre casamento entre não-católicos mas, no fundo, acabava legitimando ainda mais a importância do referendo religioso. Isso porque, para a aceitação dos casamentos não-católicos realizados antes da promulgação da lei, exigia-se a comprovação por certidão da celebração religiosa; a partir de então, todos os casamentos envolvendo pessoas não-católicas deveriam ser feitos de acordo com o rito de religiões reconhecidas pelo Império, acompanhadas de registro correspondente, senão não produziriam efeitos civis. Ainda que referendando a obrigatoriedade da religião, a lei continha aspectos práticos insolúveis: como fazer com que religiões recém-chegadas no Brasil, através de imigrantes, fossem reconhecidas a tempo de validar os casamentos realizados? Como encontrar pastores ou correspondentes que celebrassem as cerimônias, se em muitos locais faltavam até padres católicos? Como registrar as uniões, se não havia regulamentação sobre os registros civis? Correndo o risco de virar letra morta como outras tantas, e certamente sofrendo pressões das autoridades eclesiásticas, a primeira lei sobre o casamento civil do Brasil foi anulada pelo Conselho de Estado em 1865, menos de cinco anos depois de sua promulgação. Daí em diante, e até o fim do Império, o problema continuou a ser discutido e novos projetos sobre o casamento civil foram feitos, sem que, no entanto, se chegasse a uma solução.

Embora essas contendas com a Igreja acerca do casamento fossem consideradas fundamentais, elas eram, para políticos como Nabuco de Araújo, apenas a ponta do iceberg de uma questão mais ampla, que tendia a se agravar com o tempo, com a crise da escravidão e com o aumento do número de imigrantes: o fato de as leis civis do Império brasileiro, ao partilharem parte de suas obrigações com as autoridades eclesiásticas, instituírem na prática duas categorias de cidadãos, os católicos e os não-católicos. Afinal, além dos problemas relativos à posse, propriedade e herança que os casamentos chamados mistos traziam, apenas católicos poderiam ser eleitos para cargos públicos, o que configurava uma clara limitação dos direitos políticos. Era por isso que o *estadista do Império*, como mais tarde ficaria conhecido Nabuco de Araújo, defendia a independência entre Estado e Igreja:

> O Estado deve toda proteção à Igreja, o Estado deve manter a liberdade e independência da Igreja; mas a Igreja deve saber que o Estado tem leis para ela, como tem para todos os cidadãos, e leis que são inflexíveis. ... Com efeito, se pela Constituição todas as religiões são permitidas, como privar o cidadão de direitos políticos, porque ele tem outra religião que não a do Estado? ... Isto não é possível ... porque trata-se, não de tolerância de fé, mas de tolerância civil ou política.

A família no Código Civil

Nenhuma das questões relativas à relação entre a Igreja e o Estado foi solucionada antes da proclamação da República. Com o fim do padroado, no entanto, apesar da demora e das dificuldades na implementação de um sistema civil de registros de nascimento, casamento e óbito, a regulamentação aos poucos foi sendo colocada em prática — mesmo que, para a grande maioria, os nascimentos continuassem tendo que ser seguidos do batismo, casamento só era casamento mesmo se fosse na presença de um padre ou pastor, e morte segura, só com a extrema-unção.

Mas um aspecto fundamental dessa questão continuava a esperar regulamentação, que era justamente aquela referente às disposições sobre a propriedade advindas do casamento, que sempre haviam sido de responsabilidade do Estado e envolviam, evidentemente, discussões sobre a condição jurídica das mulheres. Até então, segundo as Ordenações Filipinas, maridos e esposas eram considerados parceiros, ainda que desiguais, da propriedade familiar, já que transações importantes não poderiam ser feitas sem o consentimento da mulher. Ao mesmo tempo, mulheres não podiam, sozinhas, alienar proporção significativa dos bens do casal. Foram comuns os casos de alforrias contestadas na justiça por maridos enganados, ao saberem que suas esposas libertaram escravos que, sozinhos, perfaziam mais de um terço da propriedade comum. Essas regras, mantidas no Código Civil, eram, diga-se de passagem, muito mais igualitárias que aquelas instituídas nos países de direito anglo-saxônico, que conferiam aos esposos poder absoluto sobre os bens do casal.

Mas, apesar disso, a igualdade jurídica entre homens e mulheres ainda estaria muito longe de ser alcançada, principalmente se estas fossem casadas. Considerada como a instituição civil mais importante do novo regime, a constituição da família, os direitos das mulheres casadas, dos filhos legítimos e ilegítimos e as possibilidades do divórcio foram amplamente discutidos no processo de elaboração do projeto de Código Civil.

O projeto desenvolvido por Beviláqua trouxe, nesse assunto, algumas inovações antes ausentes em qualquer proposta: a do princípio jurídico da igualdade entre homens e mulheres, mesmo que estas fossem obrigadas a adotar o sobrenome de seus maridos. Para ele, a única diferença entre homens e mulheres era que desempenhavam papéis diferentes na sociedade, e, portanto, deviam ter direitos e obrigações distintas. Essa situação justificava o "sacrifício da justiça" em prol da "necessidade de harmonizar as relações da vida conjugal" e explicava medidas como a obrigatoriedade do sustento da esposa e dos filhos pelo marido. Mas, ao mesmo tempo, previa a capacidade de representação jurídica das mulheres perante a lei.

A comissão de avaliação rejeitou, no entanto, esta última proposta. Os maridos deviam ser o cabeça do casal não só na prática — decidindo, inclusive, onde suas mulheres e filhos iriam viver, se iriam trabalhar e como seus bens seriam administrados — como também perante a justiça, tendo o poder de representar a todos. As mulheres casadas, assim, permaneciam "incapazes", como o eram deficientes mentais, mendigos, menores e indígenas.

Além da distinção entre capazes e incapazes, existente na legislação das Ordenações Filipinas, o Código Civil também manteve outras importantes diferenciações jurídicas, que contribuíram para a manutenção de relações desiguais entre homens e mulheres. No texto do Código, havia mulheres honestas e desonestas. Desonestas eram aquelas que não casavam virgens, podendo ser deserdadas por seus pais como punição, além de terem o casamento anulado. Também havia os filhos legítimos e ilegítimos. Apesar de o projeto de Beviláqua ter proposto o contrário, o texto final do Código estabeleceu que filhos ilegítimos — com exceção dos naturais, aqueles fruto de relações que poderiam um dia acabar na igreja, que podiam até reivindicar o reconhecimento de paternidade na justiça — não poderiam ser reconhecidos pelo pai, a menos que a primeira esposa morresse e ele viesse a se casar com a mãe da criança. Essa modificação do projeto original revoltou Beviláqua, que classificou como reacionários os revisores do código e declarou que este seria "menos liberal do que a legislação Filipina".

E de fato era. No período colonial, filhos naturais tinham o mesmo direito dos legítimos. Os ilegítimos, oriundos de relações incestuosas ou do adultério, podiam ser reconhecidos com uma permissão especial do rei. Mas, durante o século XIX e com o início da preocupação com o destino das propriedades familiares, medidas consideradas liberais começaram a ser tomadas, praticamente impossibilitando os pais de reconhecerem seus filhos ilegítimos. Apesar de argumentarem que essas leis eram importantes para manter a paz das famílias, a ordem e a moralidade pública, no fundo era a garantia da propriedade que interessava. Nesse ponto, o Código Civil apenas continuava um movimento inaugurado tempos antes, ainda no Império, que definia a família em função da chamada proteção à moral, mas também por conta da necessidade de circunscrever os limites dos direitos à propriedade. Diferenciando homens e mulheres entre capazes e incapazes, filhos entre legítimos e ilegítimos, o código não só contribuiu para perpetuar antigas relações patriarcais como também introduziu conteúdos morais ao ideário liberal que movia seu autor.

Código Civil e escravidão

Esse ideário liberal, aliás, já era há tempos o pivô das interpretações sobre os problemas da codificação civil no Brasil, principalmente no início do processo, na segunda metade do século XIX, quando se atribuiu à permanência da escravidão a explicação principal para a não-finalização do Código Civil no Brasil imperial. A questão real seria a impossibilidade de conciliar um código necessariamente liberal, no qual os direitos de cidadania devessem ser concedidos a todas as pessoas, com o sistema escravista, fundamentado juridicamente na distinção entre pessoas — livres — e coisas — escravos. Afinal, conforme visto anteriormente, se um Código Civil deve legislar sobre as relações privadas constituídas pelos habitantes de um determinado país, de que adianta ter o código se boa parte da população nem é considerada pessoa?

Acontece que, teoricamente, escravo não podia constituir as relações jurídicas que eram objeto do Código Civil. Escravo era escravo, propriedade de alguém, obrigado a trabalhar sem receber nada em troca, apenas casa, comida e, com alguma boa vontade, roupa lavada. Escravo não compra, não vende, não aluga, não herda nem faz testamento simplesmente porque escravo não pode ter dinheiro, nem qualquer outra forma de propriedade. Escravo *é* propriedade. Nesse sentido, os escravos só figurariam no Código Civil na parte referente aos bens, às coisas, não às pessoas.

Por conseguinte, regime de trabalho escravo e Código Civil não poderiam ser considerados por natureza incompatíveis. No estado norte-americano da Louisiana, que, por conta do período de domínio francês e espanhol, tinha suas leis vinculadas à tradição jurídica romana, não só o Código Civil foi promulgado durante a vigência da escravidão, como continha provisões relativas à relação entre escravos e senhores e regulações concernentes à possibilidade de consecução da alforria. Promulgado em 1825, o Código Civil daquele estado continha pelo menos quatro artigos referentes a escravos: o artigo 174, sobre a impossibilidade de o escravo estabelecer qualquer tipo de contrato, exceto aqueles relacionados com a sua própria emancipação; o artigo 177, que estabelecia que o escravo não podia ser parte em nenhuma ação civil, à exceção de quando reclamasse a sua liberdade; o artigo 189, que dispunha sobre a impossibilidade de uma alforria ser revogada, por qualquer razão; e o artigo 461, que considerava que os escravos, apesar de móveis por natureza, eram considerados bens imóveis pela lei.

O exemplo da Louisiana demonstra que, apesar de esse ser um caso raro — os outros países das Américas tiveram seu direito codificado depois do fim da vigência do regime de trabalho escravo —, não era impossível conciliar a escravidão com a regulamentação do direito privado. Então, qual era o problema? Por que juristas como Teixeira de Freitas consideravam essa como uma missão praticamente impossível?

Este assunto deve ser visto com vagar. Teixeira de Freitas já se deparava com a problemática da escravidão quando recebeu o parecer da comissão encarregada de rever a *Consolidação das leis civis* — formada por José Thomaz Nabuco de Araújo, Caetano Alberto Soares e Paulino José Soares de Souza, o visconde do Uruguai —, que chamava a atenção para a necessidade de revisão de alguns itens do livro mas, principalmente, ressaltava um ponto: a ausência de menção à escravidão. Além da omissão das leis existentes sobre o regime de trabalho escravo, nesse relatório ainda foi enfatizado que, da definição de pessoas, também eram excluídos os cativos:

> É sensível a omissão ... a respeito das disposições concernentes à escravidão; porquanto, posto deva ela constituir, por motivos políticos e de ordem pública, uma lei especial, contudo convinha saber-se o estado defectivo da legislação a este respeito. ... No 1º título, o das — pessoas —, o autor considera os atos do nascimento e morte; e distingue as pessoas somente quanto à idade, família, alienação e ausência. ... excluiu deste título o estado da escravidão.

Provavelmente Teixeira de Freitas já esperava por um comentário destes. Em sua introdução à *Consolidação*, havia escrito que optara expressamente por não incluir os escravos em seu projeto de Código Civil, para não "maculá-lo com o mal que ainda afligia a sociedade brasileira":

> Cumpre advertir, que não há um só lugar do nosso texto, onde se trate de escravos. Temos, é verdade, a escravidão entre nós; mas, se esse mal é uma exceção, que lamentamos, condenado a extinguir-se em época mais ou menos remota; façamos também uma exceção, um capítulo avulso, na reforma das nossas Leis Civis; não as maculemos com disposições vergonhosas, que não podem servir para a posteridade: fique o estado de liberdade sem o seu correlativo odioso. As Leis concernentes à escravidão (que não são muitas) serão pois classificadas à parte e formarão o nosso Código Negro.

1. Estátua de Teixeira de Freitas em frente à sede do Instituto dos Advogados Brasileiros, RJ. Rodolfo Bernardelli, 1904.

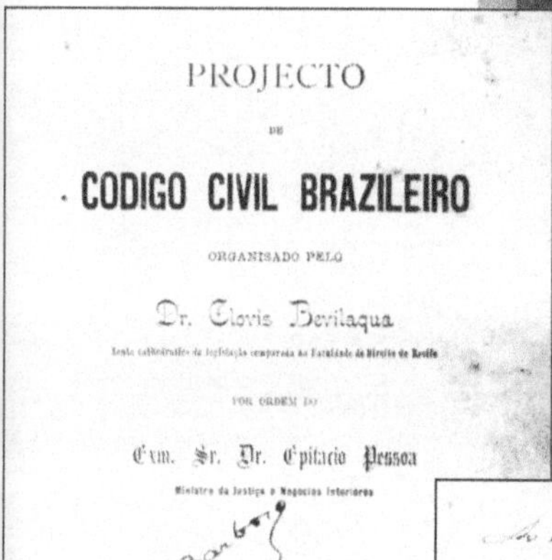

PROJECTO

DE

CODIGO CIVIL BRAZILEIRO

ORGANISADO PELO

Dr. Clovis Bevilaqua

Lente cathedratico de legislação comparada na Faculdade de Direito do Recife

POR ORDEM DO

Exm. Sr. Dr. Epitacio Pessoa

Ministro da Justiça e Negocios Interiores

Ruy Barbosa

RIO DE JANEIRO

IMPRENSA NACIONAL

2. Apesar das rivalidades, Clóvis Beviláqua autografou um exemplar do *Projeto do Código Civil Brasileiro* para Rui Barbosa.

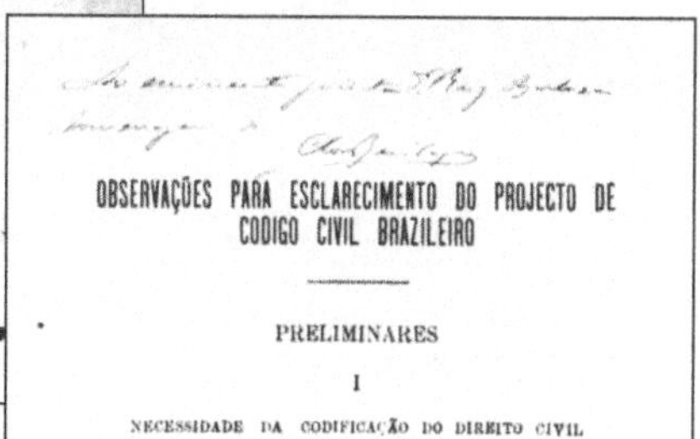

OBSERVAÇÕES PARA ESCLARECIMENTO DO PROJECTO DE CODIGO CIVIL BRAZILEIRO

PRELIMINARES

I

NECESSIDADE DA CODIFICAÇÃO DO DIREITO CIVIL BRAZILEIRO

3. A julgar pela opinião pública, o Código Civil não desencantaria nunca, tantas eram as revisões feitas.

4. Só a espada da lei era considerada capaz de impedir que a anarquia tomasse conta da República.

5. Enfim o Código Civil é aprovado pelo Congresso. No detalhe, Clóvis Beviláqua.

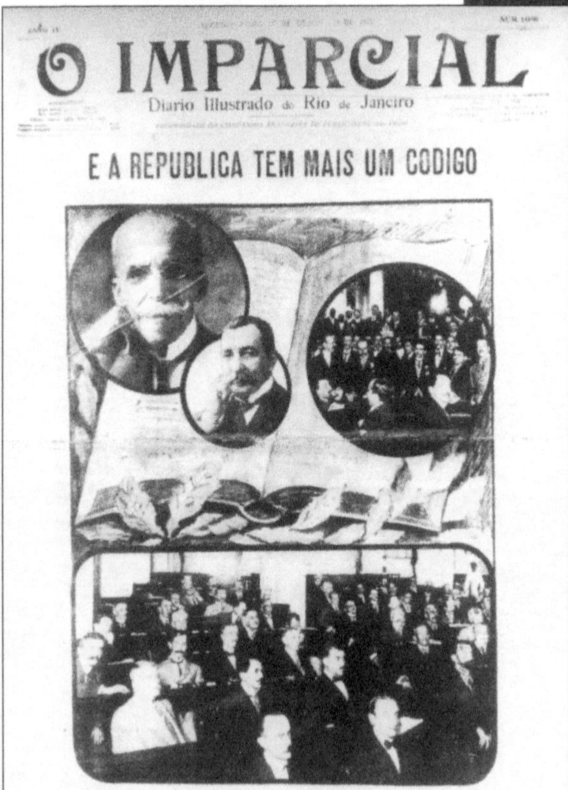

O IMPARCIAL

Diario Illustrado do Rio de Janeiro

E A REPUBLICA TEM MAIS UM CODIGO

O tal Código Negro, que nunca chegou a ser realizado, parecia a Teixeira de Freitas a melhor opção para tratar juridicamente do problema da escravidão no século XIX brasileiro. Afinal, para ele, a escravidão era um regime transitório, ao passo que o Código Civil deveria ser, bem ao espírito da época, um texto para a eternidade. Se houvesse disposições relativas à escravidão no código, isso significaria que também ela deveria ser considerada parte fundamental da organização social brasileira. Mas o fato é que a escravidão tão cedo não acabaria e, dadas as exigências da comissão revisora, Freitas se viu obrigado a fazer notas explicativas sobre as leis referentes a escravos, constituindo, na prática, um "código negro de rodapé", no dizer de Eduardo Pena.

Apesar das posições divergentes sobre a forma como os escravos deveriam ser tratados na legislação brasileira, tanto os membros da comissão revisora do texto quanto o próprio Teixeira de Freitas julgavam que a escravidão era uma questão fundamental para o debate em torno da codificação do direito civil, como demonstrou a atenção dispensada por todos ao problema. E isso acontecia porque, para eles, não apenas o Código, mas muitos dos debates que envolviam definições de direito civil acabavam sujeitos à confrontação com a realidade escravista.

Veja-se, por exemplo, o caso do batismo. Como não havia registros civis de batismo no Brasil até o início da

República, como visto, a única forma de comprovar o nascimento de alguém era através do registro eclesiástico, os chamados assentos de batismo. Quem documentava o batismo era, geralmente, o pároco local, em livros separados para livres e escravos. Embora os registros paroquiais variassem bastante de acordo com a época e a região em que eram feitos, em geral os documentos notificavam a data do batismo, a data do nascimento, os nomes da criança, dos pais, dos padrinhos e do senhor, no caso de se tratar de um escravo. Como não havia quem fiscalizasse os batismos, já que a presença do senhor não era obrigatória, muitas vezes o padre não colocava a designação "escravo" em uma certidão. Isto era possível porque nada garantia que o padre que realizou o batismo tivesse conhecimento da vida daqueles que lhe eram levados para serem batizados, que nem sempre eram recém-nascidos, muito menos crianças. Assim, muitos escravos podem ter sido batizados sem a designação de sua condição e depois, na hora da transcrição para o livro, que nem sempre era feita imediatamente, seu registro ia parar no livro dos livres.

No fundo, problemas como esse tinham sua raiz no fato de os escravos serem juridicamente, ao mesmo tempo, coisa e pessoa. De fato, de acordo com o direito imperial brasileiro, baseado, por sua vez, no direito colonial português, o escravo era considerado uma coisa, privado de qualquer direito, seja político ou civil, e incapaz de manter qualquer obrigação. Era chamado de um bem semovente, juridicamente tratado como o eram os bois. No entanto, as mesmas leis que permitiam a um homem a posse e propriedade sobre outro negavam aos senhores o direito de vida e morte sobre seus escravos, puniam aqueles que os castigavam demasiadamente e consideravam que o escravo devia responder pessoalmente pelos crimes que porventura viesse a cometer. Ou seja: no que se refere à lei penal, o escravo era uma pessoa, que tinha responsabilidades por seus atos. Por eles, ele podia ser levado à justiça, julgado e condenado, e podia sofrer sanções diretas. Além disso, a lei romana admitia inúmeros casos em que o escravo tinha direito à libertação, podendo comprar a sua liberdade.

Se os escravos são juridicamente considerados pessoas, ainda que apenas em algumas circunstâncias, isso significa que, ao contrário do que foi dito acima, havia problemas na existência concomitante de escravidão e código civil. Afinal, como legislar sobre seres humanos que às vezes eram coisas, às vezes pessoas? Aí está uma importante chave para a compreensão dos problemas da codificação típicos do Brasil. Para além das questões inerentes a qualquer processo de codificação civil, como as relativas à condição da mulher e às relações com a Igreja, havia no Brasil um problema incomum: apesar de não ser teoricamente impossível conciliar a existência de escravos com a vigência de um Código

Civil, parecia extremamente difícil legislar sobre uma parcela significativa da população que era, aos olhos da lei, coisa e pessoa a um só tempo.

Teixeira de Freitas sabia disso. Apesar das críticas feitas à sua obra *Consolidação das leis civis* e da sua disposição em não mencionar a existência da escravidão no esboço do código civil, ele próprio afirmou que, mesmo sendo o assunto objeto de um projeto especial de lei, todos os escravos deviam ser juridicamente considerados *pessoas*, porque eram capazes de adquirir direitos:

> Sabe-se que neste Projeto prescindo da escravidão dos negros, reservada para um projeto especial de lei; mas não se creia, que terei de considerar os escravos como coisas. Por muitas que sejam as restrições, ainda lhes fica aptidão para adquirir direitos; e tanto basta para que sejam pessoas.

Quer dizer: o próprio Teixeira de Freitas entendia que os escravos, na prática, poderiam ser pessoas, já que eram capazes de adquirir não só direitos como também obrigações; mas recusava-se a perpetuar essa situação no código civil, não por grandes sentimentos abolicionistas, mas justamente por saber das dificuldades em estabelecer essa legislação. Ainda mais porque — e isso o nosso jurisconsulto também sabia muito bem, famoso advogado que era na Corte Imperial — era cada vez mais comum ver escravos conseguindo a alforria no Brasil do século XIX, fosse através da compra da liberdade, fosse através da obtenção de uma carta de alforria deixada em testamento pelo senhor, fosse através da própria justiça, quando escravos conseguiam convencer os juízes de que permaneciam ilegalmente no cativeiro. Assim, não só o escravo era coisa e pessoa ao mesmo tempo, mas era também uma coisa que podia virar pessoa, caso conseguisse a liberdade, e uma pessoa que podia voltar a ser coisa, caso não cumprisse com as obrigações de todo liberto, como o reconhecimento da devida gratidão ao seu senhor, e fosse reescravizado.

Era essa situação, que pode ser denominada de transitoriedade do estado civil do escravo, e não a existência da escravidão em si, que explicava as dificuldades de Teixeira de Freitas em tratar da escravidão no código, apesar da reprimenda recebida de seus colegas. Afinal, como visto, a escravidão em si não trazia problemas à regulamentação, mas sim o fato de que, mesmo enquanto o regime de trabalho escravo ainda não parecia seriamente ameaçado, a condição de cativo era transitória para muitos escravos, especialmente para aqueles que habitavam as principais cidades do Império.

Como a alforria era um horizonte real na vida de muitos escravos, seria preciso, antes de levar adiante o processo de codificação do direito civil, definir a condição jurídica da crescente população de libertos. Eles deveriam ser considerados cidadãos como os outros, uma vez que conseguissem a liberdade? Aqueles libertos nascidos na África, mas trazidos para o Brasil como escravos, também deveriam ser considerados cidadãos brasileiros, ou apenas seus descendentes já nascidos no país gozariam dessa condição? Não é à toa que, justamente por essa razão, desde a década de 1830 alguns políticos e advogados preocupavam-se com a regulamentação da passagem da escravidão para a liberdade e as condições posteriores de aquisição de direitos e exercício da cidadania. Essa legislação seria fundamental porque organizava o acesso dos escravos à liberdade, estabelecendo, entre as condições mínimas para que um escravo pudesse se libertar, a posse de bens, exatamente uma das prerrogativas necessárias para o exercício da cidadania no Império brasileiro. Só que esses projetos, em sua maioria, nem chegaram a ser colocados em votação; seus defensores, geralmente identificados com os grupos liberais, propunham uma sociedade na qual a passagem da escravidão para a liberdade fosse efetivamente permitida e regulamentada, e não resultado de uma exceção para casos individuais e especiais.

A existência da escravidão durante praticamente todo o século XIX e as crescentes possibilidades de obtenção da alforria no Brasil são características que marcaram importantes diferenças entre o processo de codificação do direito civil brasileiro e o ocorrido em outros países. Afinal, na maioria dos vizinhos de continente, ou a escravidão foi abolida pouco depois da proclamação da Independência, como nos casos do Peru e Argentina; ou o regime de trabalho escravo continuou vigente no decorrer do século, sendo praticamente impossível conseguir a liberdade, como no caso do estado norte-americano da Louisiana. Ainda no que se refere aos estados norte-americanos, para além das impossibilidades para obtenção da liberdade, ainda havia o fato de a codificação do direito ser uma medida considerada desnecessária, já que o país é regido pelo sistema da *common law*.

Para concluir essa discussão: a multiplicidade de formas assumidas pela escravidão no Brasil do século XIX tornou impossível sua conceituação jurídica. A definição tradicional — escravo é o ser humano desprovido de liberdade e de propriedade — não dava mais conta da realidade, se é que algum dia chegou a dar. Então, das duas uma: ou tentava-se adequar as várias condições sociais existentes nesse período a um formato jurídico comum, e procedia-se à realização do Código Civil; ou se abria mão da regulamentação do direito civil enquanto existissem seres humanos que eram, ao mesmo tempo, coisa e pessoa ou — pior — que pudessem passar de coisa a pessoa e vice-versa. E foi isso que aconteceu. Enquanto existiram no Brasil pessoas livres, mas que haviam sido escravas; pessoas escravizadas, mas que trabalhavam em troca de uma remuneração, na maioria das vezes com consentimento de seu senhor, ninguém conseguiu escrever um Código Civil.

Código Civil e trabalho livre

Esse dilema ganhou contornos mais visíveis a partir das décadas de 1850 e 1860, justamente quando Teixeira de Freitas tentava escrever sobre assuntos fundamentais como os contratos de trabalho, e, dentre esses, aqueles que pressupunham a locação de serviços.

Desde 1830, sucessivas legislações vinham sendo discutidas por parlamentares no sentido de formalizar contratos que, na prática, já vinham sendo realizados entre empregadores e empregados. Só isso já seria um problema, se levássemos em conta o fato de os trabalhadores livres ainda serem minoria em um país movido a mão-de-obra escrava. Mas nem era o principal: a grande dificuldade era que as relações de trabalho no Brasil, pelo menos desde meados do século XIX, envolviam, a um só tempo, acordos entre livres e entre livres e escravos. Ou melhor: havia escravos que desempenhavam funções acessíveis, teoricamente, somente aos homens livres.

Os problemas em formalizar a locação de serviços, atividade que pressupõe um contrato entre duas partes, pelo qual uma delas compromete-se a prestar um serviço por um tempo determinado à outra, mediante alguma remuneração, é que muito freqüentemente escravos alugavam seus serviços nos grandes centros, poupando para comprar sua liberdade ou a de seus familiares, sendo eles mesmos os responsáveis pelo recebimento do salário devido e pelo pagamento de um percentual a seus senhores. Eram os chamados escravos ao ganho, fartamente mencionados pela historiografia sobre o Rio de Janeiro no século XIX.

Esses escravos recebiam permissão de seus senhores para prestar um serviço a terceiros, e lidavam com seus senhores apenas no momento de lhes dar o jornal devido. Desse modo, estavam praticamente livres da sujeição senhorial, não só por morarem no serviço ou em habitações próprias, mas principalmente por obterem uma remuneração — o chamado pecúlio — que lhes dava a autonomia necessária para viverem sobre si, e isso mesmo quando não conseguiam comprar a liberdade. Além disso, essa forma de trabalho tornava suas vidas, na prática, bastante semelhantes àquelas dos libertos e livres que faziam pequenos serviços na Corte do Rio de Janeiro em meados do século XIX, mesmo que não tivessem a liberdade formal. E a atividade nem ficava circunscrita à cidade: escravos ao ganho também podiam ser encontrados trabalhando como intermediários no comércio entre os quilombolas e negociantes da Baixada Fluminense e a Corte do Rio de Janeiro, revendendo leite, capim, carvão e madeira produzidos no interior.

Até 1871, não havia previsão jurídica para esse tipo de trabalho, ainda que a atividade fosse de conhecimento geral. O importante advogado Perdigão Malheiro, especialista na análise das questões jurídicas relativas à escravidão, em sua obra *Escravidão no Brasil: ensaio histórico, jurídico, social*, publicada pela primeira vez em 1867, já afirmava que, apesar da regra em vigor — oriunda do direito romano — de que ao escravo era proibido dispor de bens, a tolerância por parte dos senhores no Rio de Janeiro era tanta que muitos escravos viviam quase como se fossem livres. Em 1871, a lei conhecida como Ventre Livre formalizou o acesso dos escravos ao pecúlio, permitindo que, com o consentimento de seus senhores, contratassem prestação de serviços com terceiros por até sete anos. Essa lei, no entanto, não dispôs sobre as relações de trabalho que tornariam possível o acúmulo de dinheiro e bens por parte de escravos.

Com isso, as questões enfrentadas por Teixeira de Freitas ao tentar elaborar o esboço do Código Civil continuaram presentes. No capítulo "Da Locação" ele elaborou apenas uma definição ampla do tema, sem abordar especificamente a locação de serviços e nem definir quem poderia, àquela época, ser locador ou locatário. Assim, nada mais fez do que repetir o Código Comercial que, por sua vez, estava referenciado em leis de 1830 e 1837. Mais tarde, consciente das necessidades de regulamentar as relações de trabalho no Brasil, Nabuco de Araújo levou a mesma questão à discussão no Conselho de Estado, justamente em 1868, quando se elaborava o projeto de emancipação dos escravos que resultou na Lei do Ventre Livre.

Na ocasião, o ex-ministro da Justiça incluiu um tópico à proposta, atentando para a necessidade de substituir a escravidão por uma modalidade intermediária de trabalho livre, baseada nos contratos de locação de serviços, mas nada chegou a ser feito. E, no fundo, nem poderia: a definição do conceito de locador, aquele que presta o serviço, implicaria na definição, naquele momento, daqueles trabalhadores aptos a realizar essa tarefa. Como ela era simultaneamente realizada por livres e escravos, isso não podia ser feito. Foi por essa razão que nenhuma proposta de regulamentação das relações de trabalho livre teve sucesso antes da promulgação do Código Civil. A história da tentativa de elaboração da lei de locação de serviços de 1879 é exemplar nesse sentido.

Em meados da década de 1870, muitos projetos foram elaborados com propostas para legislar a locação de serviços, especialmente em relação ao trabalho agrícola, já que, para os fazendeiros que investiam na contratação de trabalhadores estrangeiros, era urgente aprovar garantias do cumprimento do contrato, criando restrições que impedissem o abandono do trabalho pelos muitos imigrantes descontentes com as condições de vida que os esperavam no Brasil. Havia inclusive aquelas propostas que, sem especificar a que tipo de trabalho se referiam, abarcavam todos os trabalhadores possíveis, estrangeiro ou nacional, liberto ou escravo contratado com permissão de seu senhor.

Até 1877, muito se discutiu sobre o assunto, até mesmo se seria necessário fazer uma lei como essa, já que o projeto do Código Civil, então a cargo de Nabuco de Araújo, é que deveria dispor sobre o tema. Como o código não aparecia e a pressão pela regulamentação do trabalho livre era enorme, por parte dos fazendeiros, optou-se por reformar a legislação sobre a locação de serviços através de uma lei excepcional, que vigorasse só para o trabalho agrícola, onde as necessidades seriam mais prementes.

Essa foi a lei de 1879, que efetivamente legislou apenas a locação de serviços agrícolas. Embora a especificidade dessa lei seja indiscutivelmente devida à situação do trabalho no campo, talvez não seja demais dizer que ela foi, então, a única possível, já que, como visto, legislar sobre o trabalho urbano era, naquele momento, impossível, dado o número de escravos atuando no mercado. De qualquer forma, a intenção básica era fazer com que os trabalhadores cumprissem o contrato estipulado com os fazendeiros — ou melhor, decidir a punição empregada àqueles que não o cumpriam —, e a forma encontrada para fazê-lo foi através da instituição da pena de prisão. Em termos jurídicos, a justificativa era que, como o trabalhador não poderia garantir suas obrigações civis por meio de bens, já que supunham que ele não possuía nada, deveria garanti-las por meio de sua pessoa. Ora, isso significava que a única forma de pagamento era através da perda da liberdade. Se não voltava a instituir a escravidão por dívidas, a lei pouco se distanciava disso, já que não eram estipuladas outras regras sobre as formas de punição. Muito criticada nesse aspecto, pode-se dizer que a lei de 1879 nunca entrou efetivamente em vigor. Como Nabuco de Araújo também não chegou a acabar seu projeto de código, a questão permaneceu inalterada até o início do século seguinte, quando voltou a ser discutida na comissão revisora do projeto de Clóvis Beviláqua.

Após anos e anos de discussões, para Beviláqua a parte do código referente à locação de serviços acabou por ficar "incompleta, anacrônica, e, tecnicamente, defeituosa". Não por causa da escravidão, claro. Mas porque, nos debates realizados no Congresso, todas as disposições de proteção ao trabalhador foram retiradas, assim como as proibições de contratação de serviços de menores. Nos artigos 1.369 a 1.383 do projeto original, Beviláqua havia sugerido a adoção de várias medidas de proteção ao trabalhador, inexistentes no Brasil. Propôs que, caso fosse impedido de trabalhar por motivo de doença, o trabalhador deveria continuar recebendo seu salário por um tempo determinado; que, ainda em caso de moléstia, se o empregado vivesse em casa de seu patrão ou credor, este lhe devia cuidados e assistência médica; que menores de 15 anos não poderiam trabalhar em minas, fábricas e oficinas e que os trabalhadores desses locais não poderiam prestar mais de seis horas diárias de serviço; e, ainda, que os credores de serviços deveriam cuidar para que o local de trabalho tivesse condições mínimas de higiene e segurança, para que não comprometesse a saúde de seus trabalhadores; em caso contrário, o patrão ou credor poderia ser criminalmente responsabilizado.

Evidentemente, em pleno século XX, o contexto era outro, e, para Beviláqua, a preocupação era a de assegurar direitos mínimos ao trabalhador, o que já vinha sendo discutido e feito em outros países. No Código Civil, no entanto, ao que tudo indica contra a sua vontade, prevaleceu a chamada tendência sintética, que definia a locação de serviços em caráter geral, sem nenhuma das disposições propostas por Beviláqua acima mencionadas, com o argumento de que seria impossível incluir no Código Civil leis sobre aspectos da vida social que mudavam rapidamente àquela época, como era o caso da discussão sobre a regulamentação das relações de trabalho. Na realidade, o que acabou acontecendo foi que o Código Civil perpetuou formas de tratamento desiguais para o locatário e o locador de serviços, escolhendo o fortalecimento do direito de propriedade em detrimento da garantia de certos direitos aos trabalhadores.

Assim, Beviláqua também se deparou com problemas da codificação relacionados com a regulamentação das relações de trabalho no Brasil. Por mais que a escravidão já tivesse acabado, ainda havia muito a definir sobre o trabalho livre, sobre as relações entre patrão e empregado, sobre os direitos e deveres deste e as obrigações daquele. Nesse sentido, Beviláqua e Freitas, cada qual em sua época, enfrentaram problemas relativos à regulamentação jurídica do sistema de trabalho vigente no Brasil. Teixeira de Freitas, por conta da transitoriedade do estado civil do escravo; e Beviláqua, por causa da implementação de leis de proteção ao trabalhador, que ainda demorariam muito para entrar em vigor no país.

Todas as pessoas são cidadãs?

Como visto, não se pode atribuir a um único fator a demora na elaboração do Código Civil brasileiro. Como em qualquer movimento de codificação do direito civil ocidental, a unificação das leis, a resistência da Igreja e a condição jurídica das mulheres foram questões a ser enfrentadas, só para citar algumas. Mas, ao mesmo tempo, o Brasil viveu, em seu próprio processo de codificação, situações peculiares, advindas não só da permanência do regime de trabalho escravo até fins do século XIX e da necessária adaptação da legislação ao trabalho livre, como também das características específicas da escravidão brasileira nesse período, conforme foi salientado anteriormente. Nesse sentido, apesar de ser temerário tentar encontrar aspectos típicos da história brasileira, pode-se arriscar que foi justamente na regulamentação das relações de trabalho — fosse ainda durante a vigência da escravidão, fosse depois — que estavam situados os principais nós da codificação do direito civil brasileiro.

Isso pode ser percebido na discussão sobre a elaboração de contratos de trabalho. Por mais que também este fosse um assunto de primeira importância em vários países — basta citar, por exemplo, o caso dos Estados Unidos, que pouco tempo antes haviam se envolvido em um gigantesco projeto de reforma social, a chamada *Reconstruction* que, entre outros objetivos, pretendia integrar os recém-libertos da escravidão à economia de mercado —, os percalços eram especialmente árduos no Brasil. A impossibilidade de definição de locador, por exemplo, era compreensível, já que não havia consenso nem sobre o conceito de pessoa e as relações que esta deveria estabelecer em sua vida civil, que dirá sobre a pessoa que, por força de um contrato de trabalho, ter-se-ia transformado em locador.

Realmente, apesar de parecer estranha aos dias de hoje — logo adiante veremos que não é —, a discussão sobre o conceito de pessoa marcou as discussões sobre o projeto do Código Civil. De fato, uma das críticas mais contundentes recebidas por Beviláqua foi justamente a de não ter definido no seu projeto de código o significado de pessoa. Até então, todos os projetos de código continham diferenciações entre as pessoas, principalmente no que se refere à aquisição de direitos. Teixeira de Freitas, no seu *Esboço*, havia sucumbido às dificuldades de encontrar uma definição acertada. Ao criticar o projeto do Código Civil de Portugal, que, no seu primeiro artigo, dizia "só o homem é pessoa", estabeleceu que, no Brasil, pessoas seriam "todos os entes suscetíveis de aquisição de direitos" e que, ao usar a palavra ente, estava se referindo ao homem. Quer dizer que, no fundo, Teixeira de Freitas acabou repetindo o conteúdo do código civil de Portugal, e admitiu que não conseguia encontrar definição melhor:

> Evidentemente não há distinção a fazer ..., porque todo o homem é pessoa, ainda mesmo em um país de escravos; mas como fugir à divisão do nosso texto, seja qual for a denominação que se adote? A realidade da vida aí está, basta observá-la.

Se era um problema para Teixeira de Freitas, para Clóvis Beviláqua, essa diferenciação tinha deixado de existir. Como pessoa era, segundo todas as definições correntes em direito, todo ser capaz de ter direitos, não havia necessidade de definição, já que era uma noção assente por todos. E é assim que responde à crítica, e a justifica dizendo que agiu dessa maneira com o intuito de

> 1º) Afastar quaisquer dúvidas sobre ser a forma humana um requisito de personalidade.
>
> ...
>
> 3º) Significar que o Código Civil não reconhece a escravidão nem outras instituições que anulam a liberdade civil. E se a matéria não tem mais a importância de outrora, não a perdeu de todo, porque há escravos, servos e mortos civis em outros países, e o Código assevera que, dentro do território brasileiro, todos gozam dos atributos da personalidade civil ... .

Efetivamente, a matéria não havia perdido importância de todo, se ainda havia quem questionasse a definição corrente de pessoa. E o debate adquiriu interesse tal que no próprio texto do Código, de 1916, ainda são encontradas referências a ele. Ao definir que "todo o homem é capaz de direitos e obrigações, na ordem civil", Beviláqua seguiu explicando em nota que

> a todos, de onde quer que venham, o Código faculta o ingresso na cidadela do direito, e oferece as seguran-

ças da ordem jurídica. A escravidão e outras instituições que anulam a liberdade civil são repelidas. Dentro do círculo que a lei traça, para dirigir e harmonizar a atividade humana, o homem é livre e pode desenvolver as suas energias, adquirindo e conservando valores jurídicos.

Se era tão importante demonstrar que a escravidão não era mais aceita no país, era porque a memória de seu passado — e das relações jurídicas que engendrou, por extensão — ainda estava bem viva. Enquanto essa situação assim permaneceu, nem a locação de serviços, nem qualquer outra forma de trabalho ou relação que envolvesse de alguma forma o passado escravista, foi regulamentada. Nesse sentido, foi o Código Civil, ao abolir os resquícios e as dúvidas decorrentes da existência legal do regime de trabalho escravo por três séculos, que consolidou juridicamente a ruptura instituída quase 30 anos antes.

Com esta conclusão, podemos entender um pouco melhor as esperanças e as certezas dos codificadores brasileiros quanto à necessidade de elaboração do Código Civil. Embora saibamos, principalmente através dos exemplos da Inglaterra e dos Estados Unidos, que de forma alguma o Código Civil é imprescindível para o desenvolvimento econômico e nem para a organização do Estado, no caso brasileiro ele desempenhou um papel importante, principalmente para o reconhecimento jurídico de situações alcançadas tempos antes, conferindo efetivamente direitos de cidadania a uma população que, embora fosse definida como cidadã desde a Constituição de 1824, não tinha, na prática, igual acesso a esses direitos.

Mas não pensem que a história acabou aqui. Se o Código Civil brasileiro realmente sepultou as diferenciações jurídicas que legitimaram a escravidão no país, deixou outras em aberto, inclusive até os dias de hoje. Quando Beviláqua escreveu o artigo 2 do livro 1 do projeto do Código, disse que todo "ser humano" era capaz de ter direitos e obrigações na ordem civil. Mais uma vez, a comissão revisora obrigou-o a fazer modificações, e a expressão "ser humano" foi trocada por "homem". Assim, embora ele mesmo tenha afirmado, em nota, que essa era "uma afirmação do direito jurídico dos seres humanos, sem distinção de sexo", claro está que, se ser humano e homem fossem termos absolutamente sinônimos, a comissão não teria por que sugerir a modificação. Até porque, como foi visto, apesar da oposição de alguns dos codificadores e de grupos feministas, o Código Civil marcou um tratamento desigual em relação às mulheres e, principalmente, entre vários tipos de mulheres, como as solteiras, as casadas e as viúvas, as honestas e as desonestas etc. Nesse sentido, não é demais afirmar que, para o direito civil, havia mulheres "mais cidadãs" do que outras, por disporem de mais direitos, dependendo de sua condição civil.

A importância desse fato é tal que, nos dias de hoje, esse foi um dos aspectos mais comentados acerca do projeto que ora tramita no Congresso. De fato, no atual projeto de código, a expressão "homem" é finalmente substituída por "pessoa", acabando com as distinções entre os sexos e conferindo às mulheres os mesmos direitos e obrigações que aos homens, inclusive quanto ao sustento da família — cláusula que foi, por muito tempo, tabu tanto entre mulheres quanto entre homens. Segundo a nova lei, formalizando algumas modificações que já vinham fazendo parte do cotidiano dos brasileiros principalmente desde a promulgação da última Constituição, em 1988, em caso de separação o homem pode oficialmente pedir a guarda dos filhos e receber pensão, se os rendimentos dos dois assim o justificarem; a união estável deixa de ser concubinato e passa a ser convivência pública; o marido poderá adotar o sobrenome da esposa, se o desejar; os casamentos não poderão mais ser anulados se a esposa não for virgem e o adúltero não será mais impedido de casar novamente, como era até então.

Assim, ao alterar as disposições relativas à família, o Código Civil realmente vai regulamentar algumas das modificações ocorridas na sociedade brasileira desde, pelo menos, a promulgação do Código — isso sem considerar que, no quesito condição jurídica feminina, ele já nasceu mesmo atrasado. Mas a família e as relações sociais brasileiras continuaram mudando com muita rapidez de 25 anos para cá, e nesse sentido o novo Código Civil já estará desatualizado, como advertiu a OAB. Basta um exemplo: o novo Código não reconhece como famílias constituídas as uniões estáveis entre casais homossexuais, que são cada vez mais comuns. Isso cria problemas que, a esta altura do livro, já são mais do que conhecidos: dificuldades de legislar sobre a propriedade comum, sobre direitos de herança, condição de adoção de crianças, direitos de pátrio poder no caso em que uma das cônjuges tiver um filho — debate ainda mais importante à medida que avançam as pesquisas sobre biogenética —, direito de obtenção da nacionalidade brasileira em caso de união com estrangeiro etc.

Nenhuma dessas situações é prevista pelo Código, e, para isso, pode-se contrapor que esse ainda é um tema novo, polêmico e aberto à discussão, sobre o qual é impossível legislar. Mas não foi esse mesmo o argumento contra as tentativas de Beviláqua de incluir no seu projeto disposições de proteção ao trabalhador? A questão é que, em todo projeto de código, sempre vão haver disposições novas sobre as quais será impossível legislar. Isso por uma razão simples: a sociedade não pára de mudar, nem nunca vai parar, mesmo que uns e outros advoguem o contrário. Se a sociedade sempre muda, todo Código Civil, ainda que tenha todo seu conteúdo discutido em uma semana, nascerá, necessariamente, desatualizado. Não estaria na hora, então, de pensar outras formas de regulamentação da legislação civil? Como se sabe, a discussão é longa: data do início do movimento de codificação, e certamente não terminará de imediato.

Mas é importante que se atente para o fato de que, enquanto existirem códigos civis, eles são peças fundamentais para a definição dos direitos de cidadania. Foi assim desde 1855, quando se tratou dessas questões pela primeira vez no Brasil, e assim é até hoje, quando se finaliza a discussão sobre o novo Código Civil. Afinal, da mesma forma que mulheres e outros grupos não foram, no início do século XX, plenamente considerados cidadãos, já que não dispunham de todos os direitos previstos na legislação brasileira, hoje, na porta de entrada do século XXI, continuam existindo brasileiros que cumprem com as obrigações de todo cidadão mas não gozam dos direitos correspondentes.

Cronologia

1804 Promulgação do Código Civil francês

1811 Promulgação do Código Civil da Áustria

1823 Lei da Assembléia Constituinte, que declarava em vigor a legislação portuguesa, especialmente a contida nas Ordenações Filipinas, enquanto não fosse organizado um Código

1824 Outorga da Constituição Imperial do Brasil, ordenando "organizar quanto antes um Código Civil e Criminal" (art.179, par.XVIII)

1830 Promulgação do Código Civil da Bolívia

1831 Promulgação do Código Criminal do Brasil

1843 Inauguração do Instituto dos Advogados Brasileiros (IAB)

1845 Discurso "Da revisão geral e codificação das leis civis e do processo no Brasil", de Francisco Ignacio de Carvalho Moreira, no IAB

1850 Promulgação do Código Comercial

1852 Promulgação do Código Civil do Peru

1855 Contrato do governo imperial com o advogado Augusto Teixeira de Freitas para elaboração da *Consolida-*

ção das leis civis e classificação da legislação brasileira em vigor; promulgação do Código Civil do Chile

1857 Publicação de *Consolidação das leis civis*

1858 Comissão integrada por José Thomaz Nabuco de Araújo, Caetano Alberto Soares e Paulino José Soares de Souza (visconde do Uruguai) emite parecer favorável à *Consolidação das leis civis*, embora critique a ausência de referências explícitas à escravidão

1859 Teixeira de Freitas é contratado para elaborar o projeto do Código Civil; o advogado Antonio Pereira Rebouças publica suas observações à *Consolidação das leis civis*, iniciando debate nos jornais com Augusto Teixeira de Freitas sobre a legislação civil brasileira

1861 Promulgação do Código Civil da Venezuela

1864 Teixeira de Freitas publica o *Esboço do código civil*

1867 Promulgação do Código Civil português; carta de Teixeira de Freitas ao ministro da Justiça Martim Francisco Ribeiro de Andrada declarando não poder dar cumprimento ao contrato para elaboração do Código Civil da forma como planejado e propondo a elaboração de dois códigos, um geral, contendo matérias de todos os ramos da legislação, e um civil, com matérias de direito civil e comercial, promovendo a unificação do direito privado

1868 Promulgação do Código Civil do Uruguai; comissão julgadora aprova proposta de Teixeira de Freitas sobre elaboração do Código Civil

1869 Promulgação do Código Civil da Argentina

1870 Promulgação dos Códigos Civis do México, Honduras e El Salvador

1872 Rescisão oficial do contrato com Teixeira de Freitas para elaboração do projeto de código; o governo imperial contrata José Thomaz Nabuco de Araújo para a redação do projeto

1878 Falecimento de José Thomaz Nabuco de Araújo, deixando o projeto de Código Civil iniciado; Felício dos Santos oferece-se para continuar a obra

1881 Felício dos Santos apresenta seu livro *Apontamentos* com projeto para o Código Civil, que não foi aprovado pela comissão revisora. Essa mesma comissão ficou encarregada de elaborar um projeto definitivo

1886 A comissão foi dissolvida

1889 Nomeada mais uma comissão de elaboração do Código Civil, cujos trabalhos foram interrompidos pela Proclamação da República

1890 O senador Antonio Coelho Rodrigues é incumbido de redigir o projeto do Código Civil

1893 O projeto de Rodrigues não é aceito; ele o oferece ao Senado

1899 Clóvis Beviláqua é contratado para escrever o projeto do Código Civil; Rui Barbosa critica veementemente sua escolha

1900 Depois de aprovado pela comissão encarregada de sua revisão, o projeto de Beviláqua é encaminhado ao Congresso Nacional

1901 O projeto de Beviláqua é aprovado na Câmara dos Deputados e enviado ao Senado

1912 Publicação das emendas do Senado ao projeto do Código Civil, que é enviado para revisão à Câmara dos Deputados

1915 A redação do projeto do Código Civil é aprovada

1916 No dia 1º de janeiro, a lei 3.071 sanciona o Código Civil dos Estados Unidos do Brasil

1975 Projeto do novo Código Civil submetido à Câmara dos Deputados

1984 Projeto do novo Código Civil encaminhado ao Senado

1988 Promulgação de nova Constituição

1997 Parecer final ao projeto de Código Civil, pelo relator geral, senador Josaphat Marinho

2000 Discussão final do projeto de Código Civil no Congresso Nacional

Referências e fontes

Os dados sobre o novo Código Civil brasileiro em tramitação no Congresso foram tirados de matérias publicadas na Agência Estado (*O Estado de São Paulo* e *Jornal da Tarde*) em 30.11 e 1.12.2000.

Sobre Augusto Teixeira de Freitas e a polêmica acerca de sua desistência em redigir o Código, ver a biografia de Sílvio Meira, *Teixeira de Freitas — o jurisconsulto do Império, vida e obra* (Rio de Janeiro, José Olympio/MEC, 1979) e, principalmente, os textos de Eduardo Spiller Pena, "Um romanista entre a escravidão e a liberdade" (Revista *Afro-Ásia* 18, Salvador, UFBA, 1996, p.33-75) e *Pajens da Casa Imperial: jurisconsultos e escravidão no Brasil do século XIX* (Campinas, Unicamp, 1998). A expressão "código negro de rodapé", referente às observações de Teixeira de Freitas sobre escravidão em sua obra, também são de Eduardo Pena.

As declarações de Rui Barbosa sobre Clóvis Beviláqua foram publicadas em artigos no jornal *A Imprensa*, em 14 e 15.3.1899, respectivamente.

A parte sobre as escolas de direito de São Paulo e Recife está baseada em Lilia Moritz Schwarcz, *O espetáculo das raças: cientistas, instituições e questão racial no Brasil — 1870-1930* (São Paulo, Companhia das Letras, 1993), assim como as citações de Rui Barbosa sobre a Academia de São Paulo e da polêmica entre Sílvio Romero e Coelho Rodrigues.

Narrativas sobre a história do Código Civil no Brasil podem ser lidas em Clóvis Bevilácqua, "Preliminares" (in *Código civil dos Estados Unidos do Brasil.* Edição Histórica. Rio de Janeiro, Rio, 1976. 2 vol.); Sílvio Meira, *O Código Civil de 1917: o projeto Beviláqua.* (Separata da revista *Studi in Onore di Cesare Sanfilippo.* Itália, Giuffré Editores, 1982); Vamireh Chacon, *Da Escola de Recife ao Código Civil* (Rio de Janeiro, Simões, 1969). São da edição do Código comentada por Beviláqua também as suas citações sobre o artigo 2.

Sobre o processo mais amplo de codificação do direito civil, ver o livro de Antonio Manuel Hespanha *Panorama histórico da cultura jurídica européia* (Lisboa, Europa-América, 1997); Sílvia H. Lara, "Introdução" (in *Ordenações Filipinas: livro V.* São Paulo, Companhia das Letras, 1999); Francisco Vergara, *Introdução aos fundamentos filosóficos do liberalismo* (São Paulo, Nobel, 1995).

As referências à expressão "consolidação" da obra de Jeremy Bentham foram retiradas das seções VIII e IX do texto *De la organisation judiciaire et de la codification*, que pode ser encontrado no volume 3 de suas *Oeuvres* (Bruxelas, 1830). Ver também Alejandro Guzmán, "Codificación y consolidación: una comparación entre el pensamiento de A. Bello y el de A. Teixeira de Freitas", na *Revista de Estudios Histórico-Jurídicos*, vol.10, 1985, p.269-84.

O conceito de paradigma foi cunhado por Antonio M. Hespanha, "Lei e justiça: história e prospectiva de um paradigma", no livro *Justiça e litigiosidade — história e prospectiva* (Lisboa, Calouste Gulbenkian, 1993).

Toda a parte sobre as discussões eclesiásticas e a tentativa de regulamentação do casamento civil foi baseada no capítulo 3, "Legislação matrimonial: a exclusividade do casamento católico em questão", da dissertação de mestrado intitulada *Valores e vivências matrimoniais: triunfo do discurso amoroso (Bispado do Rio de Janeiro, 1750-1888)*, de Sílvia Brügger, defendida na UFF em 1995, infelizmente até hoje inédita. Para uma análise contemporânea da mesma questão, ver o livro de Dr. A.H. Bandeira Filho *Commentario a lei nº1.144 de 11 de setembro de 1861 e subsequente legislação sobre casamento de pessoas que não professam a religião do Estado* (Rio de Janeiro, Typ. Perseverança, 1876), que pode ser encontrado na Biblioteca Nacional.

A análise sobre as relações familiares e a condição jurídica da mulher estão presentes no livro de Sueann Caulfield *Em defesa da honra: moralidade, modernidade e nação no Rio de Janeiro (1918-1940)* (Campinas, Unicamp, 2000).

A citação de Beviláqua sobre a escravidão está no texto "Instituições e costumes jurídicos dos indígenas brasileiros ao tempo da conquista" de sua autoria, publicado na *Revista Contemporânea*, ano I, número I (Recife, 1894, p.2-3).

Para um exemplo da interpretação segundo a qual o Código Civil era essencial para o desenvolvimento do capitalismo, e só seria possível se houvesse pressão dos grupos sociais interessados, como a burguesia, ver Edmundo Campos Coelho, *As profissões imperiais: medicina, engenharia e advocacia no Rio de Janeiro* (Rio de Janeiro, Record, 1999, p.182-3).

O trecho do "Relatório da comissão incumbida de rever as consolidações das leis civis" pode ser lido na já citada biografia de Sílvio Meira sobre Teixeira de Freitas, na página 105. As explicações de Freitas sobre a ausência da menção às leis relativas à escravidão estão na página XXXVII da introdução à terceira edição da *Consolidação das leis civis*.

Para uma análise de época das discussões acerca do status jurídico do escravo, ver o livro de Agostinho Marques Perdigão Malheiro *A escravidão no Brasil: ensaio histórico, jurídico, social* (Petrópolis, Vozes, 1988).

Para o debate historiográfico sobre a relação entre a existência da escravidão e o movimento de codificação do direito civil no século XIX brasileiro, ver, além da já citada tese de Eduardo Pena, os livros de Paulo Mercadante, *A consciência conservadora no Brasil* (Rio de Janeiro, Nova Fronteira, 1985) e de Pedro Dutra, *Literatura jurídica no Império* (Rio de Janeiro, Topbooks, 1992).

Os chamados "escravos ao ganho" vêm sendo bastante estudados pela historiografia sobre escravidão urbana no Brasil. Para informações sobre a atividade desses escravos na cidade do Rio de Janeiro, ver especialmente Mary Karasch, *A vida dos escravos ao ganho no Rio de Janeiro* (São Paulo, Companhia das Letras, 2000); Sidney Chalhoub,

Visões da liberdade: uma história das últimas décadas da escravidão na Corte (São Paulo, Companhia das Letras, 1990); Flávio Gomes, *Histórias de quilombolas: mocambos e comunidades de senzalas no Rio de Janeiro — século XIX* (Rio de Janeiro, Arquivo Nacional, 1995); Luiz Carlos Soares, "Os escravos de ganho no Rio de Janeiro no século XIX" (in Sílvia Lara (org.), *Escravidão*, edição especial da *Revista Brasileira de História*. São Paulo, ANPUH/Marco Zero, vol.8, n.16, março/agosto de 1988, p.107-42).

As discussões sobre a regulamentação do trabalho livre e, principalmente, a lei de 1879, estão baseadas no livro de Maria Lúcia Lamounier *Da escravidão ao trabalho livre: a lei de locação de serviços de 1879* (São Paulo, Papirus, 1988).

Os discursos de Nabuco de Araújo foram pronunciados no Senado, respectivamente, em 11 e 13.6.1873 e em 26.9.1871, dois dias antes da promulgação da Lei do Ventre Livre, e podem ser lidos no livro escrito por seu filho Joaquim Nabuco, *Um estadista do Império* (Rio de Janeiro, Topbooks, 1997, 5ª edição). As suas anotações manuscritas, bem como seus diários e agendas do tempo da elaboração do Código Civil, fazem parte da coleção de documentos do Instituto Histórico e Geográfico Brasileiro do Rio de Janeiro e estão abertos à consulta pública.

Sugestões de leitura

• Partes deste livro, principalmente aquelas relativas à escravidão e regulamentação das relações de trabalho livre, são um resumo do último capítulo e da conclusão da minha tese de doutorado "O fiador dos brasileiros: cidadania, escravidão e direito civil no tempo de Antonio Pereira Rebouças", ainda inédita.

• Para aprofundar as discussões sobre cidadania no Império, recomendo o livro de Hebe Mattos, *Escravidão e cidadania no Brasil monárquico*, integrante desta mesma coleção (Rio de Janeiro, Zahar, 2000), que apresenta, pela primeira vez, as questões decorr entes da definição da cidadania em um país de escravos.

• Ainda sobre o contexto da crise do regime de trabalho escravo no século XIX, ver o livro de Sidney Chalhoub, *Visões da liberdade*, citado na seção "Referências e fontes", e o de Hebe Mattos *Das cores do silêncio: os significados da liberdade no sudeste escravista — Brasil século XIX* (Rio de Janeiro, Nova Fronteira, 1998). Para análises que abordam a questão do ponto de vista do direito e da justiça, ver a já citada tese de Eduardo Pena, brevemente disponível em livro pela editora da Unicamp; Elciene Azevedo, *Orfeu de carapinha: a trajetória de Luiz Gama na Imperial Cidade de São Paulo* (Campinas, Unicamp, 1999); Joseli

Mendonça, *Entre a mão e os anéis: a lei dos sexagenários e os caminhos da abolição no Brasil* (Campinas, Unicamp, 1999); e o meu *Liberata — a lei da ambigüidade: as ações de liberdade da Corte de Apelação do Rio de Janeiro no século XIX* (Rio de Janeiro, Relume Dumará, 1994).

• Nenhuma leitura desse período da história do Brasil pode passar sem o clássico *Um estadista do Império,* já citado anteriormente, obra de Joaquim Nabuco sobre seu pai José Thomaz Nabuco de Araújo.

• Ao contrário da abundância de livros sobre escravidão, há relativa pouca produção historiográfica que trata da história do direito no Brasil: mesmo não sendo livros específicos sobre o assunto, são importantes as obras de José Murilo de Carvalho *A construção da ordem: a elite política imperial* e *Teatro de sombras: a política imperial* (Rio de Janeiro, Relume Dumará/UFRJ, 1996); Sérgio Adorno, *Os aprendizes do poder: o bacharelismo liberal na política brasileira* (Rio de Janeiro, Paz e Terra, 1988). Especificamente sobre história de direito, são dignos de nota os livros de Alberto Venâncio Filho, *Das arcadas ao bacharelismo* (São Paulo, Perspectiva, 1977); e Antonio Carlos Wolkmer, *História do direito no Brasil* (Rio de Janeiro, Forense, 1999). Sobre a história do direito em geral, ver Antonio Manuel Hespanha, *Panorama da cultura jurídica européia,* já citado, e John Gilissen, *Introdução histórica ao direito* (Lisboa, Perspectiva, 1995).

• Por fim, para uma ampliação da discussão sobre a relação entre as mudanças jurídicas e a condição feminina entre fins do século XIX e meados do XX, recomendo a leitura do livro de Sueann Caulfield *Em defesa da honra: moralidade, modernidade e nação no Rio de Janeiro (1918-1940)*, também citado anteriormente.

Sobre a autora

Nasci no Rio de Janeiro em 1971. Cursei a graduação e o doutorado em história na Universidade Federal Fluminense (UFF). De minha monografia de bacharelado, resultou o livro *Liberata — a lei da ambigüidade: as ações de liberdade da Corte de Apelação do Rio de Janeiro no século XIX* (Relume-Dumará, 1994) e de minha tese de doutorado, defendida em 2000, saiu o livro *O fiador dos brasileiros: cidadania, escravidão e direito civil no tempo de Antonio Pereira Rebouças* (Civilização Brasileira, 2002). Da época da universidade, vem meu interesse pela história social do direito no Brasil, principalmente pelas relações entre o direito e a escravidão no século XIX, tema que continuo a estudar e pesquisar, agora como docente do Departamento de História e do Programa de Pós-Graduação em História da Universidade Federal do Estado do Rio de Janeiro (UNIRIO). Escrevi também, com Anita Almeida e Lucia Grinberg, os livros *Para conhecer Machado de Assis* e *Para conhecer Chica da Silva*, ambos publicados pela Zahar.

Coleção Descobrindo o Brasil
direção: Celso Castro

A modernização da imprensa (1970-2000)
Alzira Alves de Abreu

O Brasil no império português
Janaina Amado e Luiz Figueiredo

Os intelectuais da educação
Helena Bomeny

A era do rádio
Lia Calabre

A invenção do Exército brasileiro
A proclamação da República
Celso Castro

O Estado Novo
Maria Celina D'Araujo

A belle époque amazônica
Ana Maria Daou

O livro e a leitura no Brasil
Alessandra El Far

O pensamento nacionalista autoritário
Boris Fausto

Os índios antes do Brasil
Carlos Fausto

Os brasileiros e a Segunda Guerra Mundial
Francisco César Ferraz

Rebeliões no Brasil Colônia
Luciano Figueiredo

Palmares, ontem e hoje
Pedro P. Funari e Aline V. Carvalho

A arte rupestre no Brasil
Sambaqui: arqueologia do litoral brasileiro
Madu Gaspar

As formas do espaço brasileiro
Pedro Geiger

Cidadania e direitos do trabalho
Angela de Castro Gomes

Negros e política (1888-1937)
Flávio Gomes

Código Civil e cidadania
Keila Grinberg

Como falam os brasileiros
Yonne Leite e Dinah Callou

Uma viagem com Debret
Valéria Lima

O nascimento da imprensa brasileira
Isabel Lustosa

Escravidão e cidadania no Brasil monárquico
Hebe Maria Mattos

Os evangélicos
Clara Mafra

O sindicalismo brasileiro após 1930
Marcelo Badaró Mattos

O período das Regências (1831-1840)
Marco Morel

Da Bossa Nova à Tropicália
Santuza Cambraia Naves

Arqueologia da Amazônia
Eduardo Góes Neves

História do voto no Brasil
Jairo Nicolau

O Brasil dos imigrantes
Lucia Lippi Oliveira

Política externa brasileira
Leticia Pinheiro

Ditadura militar, esquerdas e sociedade
Daniel Aarão Reis

A Independência do Brasil
Iara Lis C. Souza

Partidos políticos no Brasil (1945-2000)
Rogerio Schmitt

O Império em procissão
Lilia Moritz Schwarcz

Modernismo e música brasileira
Elizabeth Travassos Lins

A fotografia no Império
Pedro Karp Vasquez

Brasil de todos os santos
Ronaldo Vainfas e Juliana Souza